創業三〇〇年
老舗京菓匠女将にならう

愛される所作

笹屋伊織　十代目女将
田丸みゆき

主婦と生活社

はじめに

愛される所作は一生ものの美しさ――

はじめまして。

私は、江戸時代から続く京菓子の老舗「笹屋伊織」の十代目女将です。

笹屋伊織は、享保元年（1716年）に創業し、おかげさまで2016年、300年の大きな節目を迎えることができました。

「老舗和菓子屋の女将」と聞くと、裕福なお嬢様育ちで、お見合い結婚して、何不自由なく優雅に……と想像をされる方もいらっしゃいますが、私はごく一般的な家庭で育ち、笹屋伊織の長男だった主人とは共通の友人を通した食事会で知り合い、27歳で結婚しました。

嫁いだ頃は、店は、今よりもずっと規模も小さく経営状態も苦しい時期でしたので、私は3人の子どもの出産当日まで店に立ち、子どもをおんぶして家業を手伝ってまいりました。

京都のしきたりはおろか、商売のことも何も知りませんでしたが、店に立っておりますと、様々なお客様がご来店くださいます。笹屋伊織の本店のある七条大宮は、最寄りの京都駅からも少し距離があり、また駐車場もありません。そんな不便な所に、わざわざ足を運んでくださるお客様に、自然と「ありがたいなぁ」という気持ちになり、心を込めて接客をして参りました。

そのうちに、若い従業員に接客の仕方を教えるようになりましたが、それは、接客のテクニックではなく、どうしたらもっとお客様に喜んでいただけるか、気持ちよくお帰り頂けるか、そしてまたご来店くださるかという接客の所作です。

私が日々、お客様と接するなかで、培ってきた、お辞儀の仕方、言葉かけ、お話を伺う姿勢は、喜んでいただきたい、感謝を伝えたいという思いからくるものです。失敗も繰り返しながら、良いと思うことはどんどん取り入れて実践してきました。

それが、私の「美しい所作」の原点になっています。

所作は、相手と心地良い時間を過ごすためにある

私は、京都の伝統や文化とは無縁の生活を送っていましたから、嫁ぐまでは、着物もお茶もお花も全く興味がありませんでした。所作についても、特別にマナー講座や礼法を学ぶこともありませんでした。

そんな私が、結婚して数年が経つころから、少しずつこう言われるようになりました。

「所作を見習いたい」

「お辞儀が美しい」

「一緒にいると心地良い」

自分では、そこまで意識をしていませんでしたが、そのようなことをお褒めいただく機会が増えたのはなぜなのか。それは、毎日の仕事の中で積み重ねることによって自然と身についた、形だけでなく心を込めた所作を見ていただいているのでしょう。

「所作は、相手への思いやりからする」ものであるということ。

ありがとうの気持ちがあるからお辞儀をする。不快な思いをさせないように最低限のマナーを守る。ご一緒する方を居心地良くさせるのが所作なのだと思います。

所作が身につくと、おのずと女性らしい、美しい動作になります。自分自身の心も整い、品格として表れ、「あの人、なんか感じがいいよね」と言われる人になるのです。

どんな美貌もやがて衰えます。しかし美しい所作を身につけることは、生涯衰えることのない一生ものの美しさを手に入れることなのです。

本書には、私がこれまでに日々の生活の中から身につけてきた所作について、学んだこと、伝えたいことを詰め込みました。

いつから始めても遅くはありません。

できる所作から少しずつ、
取り入れやすい所作から少しづつ、
きっと人生が変わります。

「愛される所作」がヒントになり、皆様の日々の暮らしの中で、仕事、恋愛、そして、おつきあいに、お役に立つことができれば、こんなに幸せなことはありません。

笹屋伊織十代目女将
田丸みゆき

目次

2章

美しい人をつくる立ち居振る舞い——49

3章

美しい言霊を意識する──95

4章

食に人となりがあらわれる――147

5章

愛される ひとづきあいの所作——181

京の小話

使えるだけで品格アップ
和のお道具術

デザイン
いわながさとこ
デザインアシスタント
山元美乃
装画
三宅瑠人
本文イラスト
ヤマサキミノリ
校閲
滄流社
撮影
石川奈都子
編集協力
三浦たまみ
編集
東田卓郎

1章

所作があなたの品格を磨く

所作の美しい人は、誰からもモテる!?

「老若男女問わず、モテる人になりなさい」

私は小さい頃、明治生まれの祖父にこう言われて育ちました。

この言葉は、社会人になってからも、京都の老舗和菓子屋に嫁いでからも、たびたび思い出し、いつしか私の人生に大きな影響を与えました。

「モテる」って、ちょっと軽いイメージがありますよね。でも、祖父の言う「モテる」は、なかなか意味の深い言葉だと私は思っています。

祖父の真意はこうです。

モテる人は、単に美人だから、スタイル抜群だからモテるわけではない。それよりも、人からされて嫌なことはしない、言わない。人からされて嬉しいことは自分もしたいと思う。相手の立場に立って考えられる。そんな、さりげない気遣いができる人だから、モテるんだ。

祖父はこうも言いました。

人の価値は、身分や環境で決まるわけではない。だから、たとえ偉い人でも媚びへつらう必要はないし、反対に、そうでない人だからといって横柄な態度をとる必要もない。誰に対しても同じように接して、かつ、思いやりのある対応を心がければ、誰からも好感を持たれる。そういう意味で、モテる人になりなさいと教えてくれたのです。

相手との関係性を心地良くするのが所作

私は、この話は、本書のテーマでもある「愛される所作」にもそのままあてはまると思っています。

「所作」とは、立ち居振る舞いや、身のこなしのことです。

所作と聞くと、テーブルマナーを連想する人もいると思います。もちろん、それも所作の一部ですが、そこだけに焦点をあててしまうと、「難しそう」「間違えないようにしなければ」などと身構えてしまいますよね。

私は、マナーや手順を完璧に頭に叩き込んで上手にできたことが、「所作がよくできた」ことだとは思っていません。

なぜなら、本来、所作は、相手を思いやる気持ちから行うものだからです。

「この人と一緒にいると、なんだか心地良いなあ」と感じるのは、相手のふるまいにおいて、気に障ることがない、イヤな思いをしないからだと思うのです。

相手を気遣うから分かりやすくゆっくりと話す、相手に「ありがとう」の気持ちがあるからお辞儀をする、相手と会話を楽しみたいから最低限のテーブルマナーをわきまえる。相手を思いやるこれらの所作が、「あの人は、いつも感じがいいな」「あの人と話していると、自分の心まできれいになりそうだ」と好印象を与え、結果として、相手に好かれる、愛される、祖父の言い方を借りれば、「モテる」のだと思うのです。

老若男女にモテる人は、たくさんの人が味方してくれて、協力してくれます。特別なスキルが必要ではなく、誰もがやろうと思えばできる所作を心がけるだけで、たくさんの人に囲まれ、愛される幸せな人生を送ることができるのです。

美しい所作を心がけることは、単なるマナーのハウツーではなく、相手との関係性を心地良くするためにある思いやりの詰まったもの。そう思うと、「やってみようかな？」「私にもできるかもしれないな」という気持ちになりませんか？

所作は、相手を思いやる
気持ちから行うもの。
思いやりが詰まったものなのです

所作のあるなしは、女性らしさの差として表れる

私は、女性らしさと所作は、おおいに関係があると思っています。

相手を思って、所作を意識して日々を過ごす人と、そうでない人では、年を重ねたときに、その差は、「女性らしさの差」として歴然と表れます。

所作は、会食のとき、お茶会のときなど、特別な日だけに必要なわけではありません。むしろ、日々の生活の何気ない行為にこそ表れてしまうものです。

相手からコップを受け取るときに、片手で「はい、これ」と押し付けるように渡されたり、無言のまま机の上にドン！　と置かれたら、良い気持ちはしませんよね。そういう人に限って、飲み物をなみなみと注いだ状態で持ってきて、渡すときにこぼしてしまいがちです。

そんな態度で渡されるよりも、コップを大切そうに両手で持って「どうぞ」と、にっこりと笑顔で差し出されたほうが嬉しいですよね。

単に「コップを渡す」というだけの行為でも、これだけ相手に与える印象は変わるのです。日々の生活において随所に出てくる所作が、積もり積もって将来のあなたの女性らしさの度合いに直結するのです。

毎回、コップを両手で持って「どうぞ」と差し出す人は、丁寧な感じがしますよね。こういう人は、お辞儀をするとき、相手と会話するときなど、他の様々な場面でも所作を意識しているので、全体的に動作に余裕が出ます。

日本人は、昔から「仏様に手を合わせる」とか、畳の上で正座するときは「背筋をピンと伸ばす」とか、自らの所作を整えることで、心を静かに保ってきました。「所作が整うと、心も整う」と言われますが、その通りだと思います。

一つひとつの動作が丁寧な人は、誰に対しても、にこやかに接することが多いですよね。それが「感じのいい人」「女性らしい人」になり、いつしか「上品な人」になる。所作を意識している人は、年を重ねるほど品の良さが身につきます。

女性は、ある程度の年齢になると、「美人ですね」「若く見えますね」などと言われるよりも、「上品ですね」と言われるほうが嬉しいし、とっておきの褒め言葉になると思うのです。

ファッションやエステにお金をかければ、誰でも、ある程度は若く見えるかもしれませんが、上品さまで身につくわけではありません。エルメスで何十万円もするスーツやバッグを購入して身を固めても品のない人はやっぱりないし、ユニクロでトータル数千円でコーディネートしていても、品のある人はそれが滲み出るものです。

上品さは、決してお金では買えないのです。だからこそ価値があるし、年齢を経るほどその差はどんどん開いていくのです。

一朝一夕には身につかないからこそ、日々の所作を丁寧に行って少しずつ美しい立ち居振る舞いを身につけていきたいものです。

お土産を投げて渡されたらどう思う？

一方、コップを片手で持って「はい、これ」と押し付けるように渡す。それが普通になっている人は、動作や態度にどこか乱暴な印象を相手に与えてしまいます。

「この人は、他の場面でもこんなふうにガサツなことをしているのかも……」と思われてしまいがちです。

「ガサツ」と聞いて真っ先に思い浮かぶのが、知人が海外旅行のお土産を買ってきてくれたときのことです。その人は人数分のお土産を買ってきてくれたのですが、渡すときに、自分の近くにいる人には手渡ししましたが、少し離れた席に座っていた人には、いきなりポーンと投げて寄越したのです。

「席が遠いし、投げても壊れるものじゃない雑貨だから」。そんな感覚で投げたのかもしれませんが、投げられたほうは、とても心地が悪いものです。

せめて、「ごめん。席が遠いから投げていい？」とひと言あれば、まだ納得できたかもしれません。もっとも、「贈り物を投げる」時点で、その人の品位を疑ってしまいますが……。

お土産を買ってきてくれるような優しいところがある人なのに、渡し方ひとつで「あのガサツな人」として記憶に残ってしまうなんて、あまりにももったいない話です。

先ほど、「所作は、相手を思いやること」と言いましたが、お土産を投げるのは、それと真逆の行為。モノを雑に扱っているのは、相手を雑に扱っているのと同じです。だから、イヤな気持ちになるのです。

やっかいなのは、ガサツな当人は、自分がそのように思われていることに鈍感なことです。わざわざ注意してくれる人はいませんから、自分で意識しなければ、いつまで経っても気づかないまま、年を重ねてしまうのです。

日頃の所作は、ちょっとした動作のはしばしに表れてしまう。それを自覚し、小さなことから丁寧に行っていきましょう。

ガサツな所作は、日頃の態度のあちこちに表れてしまうもの

所作は80点のあなたを、120点の女性に格上げしてくれる

私が結婚を機に笹屋伊織の若女将になったのは、27歳のときです。まだ新婚の頃だったと思いますが、そこで働いていた職人のひとりに苦手意識を抱いたことがありました。

何となく私に対して無愛想な感じがして「嫌われてるのかな…」と気にしていました。でも、その彼に対して、印象がガラッと変わる出来事がありました。

笹屋伊織の旧本店は昔ながらの建物で店の者は日に何度も上履きと下履きに履き替えねばなりませんでした。どうせ何度も行き来するからと、繁忙期は特に脱いだら脱ぎっぱなしという状態になってしまいます。

ある日のこと。例の職人が作業場に入ろうとしたとき、散乱している何足もの靴を見

るや、パパッと手早く揃えて、そのあと、自分の脱いだ靴をきちんと揃えているのを見かけたのです。

「え……？　あの無愛想な人よね……？」

人違いかと思いましたが、やはり、あの職人です。それを見たとき、私の彼に対する印象はグッと上昇したのです。

当時の私は、「あの人は、きっと怖い」というイメージが先行していましたが、「本当は思いやりのある優しい人なのかもしれない」と好転しました。

「他人の靴まで揃える」という所作を当たり前のこととしてできる人は、なかなかいません。

誰でもできることなのに、やらない人が圧倒的に多い。だから、「所作がきちんとしている」だけで、その人の印象は一気に上がるのだと思います。80点ぐらいの自分が、120点ぐらいに底上げされる。それが、所作なのです。

見知らぬ人への心遣いができますか？

以前、かかりつけの歯医者さんに診察に出かけたとき、私のすぐ前を、かなり派手な若いお嬢さんが歩いていたことがありました。

明るい茶髪で、服装もメイクもかなり派手。正直、良い印象ではなかったのですが、先に医院に入ったその女性は、なんと後ろから来た私の分のスリッパまでサッと出してくれたのです。

見知らぬ人に対して、素早く行動に移して心配りができるのは、素敵なことだなぁと、大変感心したのを覚えています。

生意気そうな若者が、街中のゴミをさり気なく拾ってゴミ箱に捨てる姿を見かけたときなどもそうですね。おそらくその人は、無意識のうちにゴミを拾って捨てているのです。それは、日々の積み重ねから、ゴミを見たら自然に行動に移すほど、身についた行為なのだと思います。

デパートのエレベーターの出入り口付近に立っているときに、「開」のボタンを押して、あとからやってくる人が入るまで待っていてあげるのも、さりげない優しさですね。

自ら進んで行うさりげない所作は、思いやりからくる自然な行為。人を美しく見せるから、一気に120点に格上げする力を持っているのです。

反対に、身なりもきれいで、見た目は穏やかな雰囲気の人でも、ゴミを見て見ぬふりをして通り過ぎるところなどを見てしまうと、80点が50点くらいに一気に下がってしまうこともあると思います。

80点を120点に引き上げるには、誰でもできる日頃の行動がモノをいうのです。

誰でもやれるのに、やらない人が多い。
だから所作が美しいと、人を惹きつける！

美しい所作はパートナーの評価まで上げる!?

私は、仕事上も目上の方や経営者の方とお話をさせていただく機会が多く、また主人とは年が離れているせいもあって、プライベートなおつきあいも年上の方が多いので、自分の立ち位置、そして所作には、いつも注意をしてきました。主人に恥をかかせないように、空気を乱さないように、ご迷惑をおかけしないように。

また、言うべきことは、きちんと言えるように、よく周りを見てきました。

といっても、何も特別なことをしているわけではありません。笑顔で挨拶する、人の目を見て話をする、携帯電話の使用を控えるなど、ごく当たり前だと思うことしかしていません。立場のある方々と会食で同席するときも、一緒になって何か難しい話をするわけではないし、そもそも私は政治や経済の話についていけませんので、「勉強になるなぁ」と思って聞いているぐらいです。

でも、こうした様々な所作がきちんとしている印象を与えると、「あの人には誰を紹介しても安心だ」「あの人は、興味のない話でもつまらなそうな顔をしないから場がしらけない」という思いにつながるようです。

所作が美しいと、求婚される!?

しかも、美しい所作は、実は、パートナーの評価まで上げることがあります。

「あんな素晴らしい彼女（奥さま）の心を射止めた人なら、この人も、きっと素晴らしい人なのだろう」と思われることはよくあるからです。

男性は、彼女や奥さまの所作を褒められたら嬉しいし、鼻が高いですよね。

だから男性は、女性が想像する以上に女性の所作をよく見ているものです。

以前ある会食でお鍋が出た時に「具材を入れる順番がわかっていない女性っているよね？　常識がないなあと思って幻滅するんだよな」と言われたのをよく覚えています。

火の通りにくいものから鍋に入れる。知っている人にとっては当たり前のことですが、知らなければできない。最低限の常識は知っておいてほしいし、そういう人とおつきあいしたいと思う男性は多いのです。

お茶の淹れ方で、結婚を決めたイケメン男性

実際、所作が美しいことが、結婚の決め手になったという話もあります。

学生時代、他校にすごくモテる男性がいました。確かに、その人は、カッコよくておしゃれ。頭の回転もよく女性に優しかったので、彼を射止めようとかわいらしい女性がたくさん寄ってきて、「選ぶのが大変だろうなあ」と思う人でした。

その人を射止めて結婚したのが、意外……といったら失礼かもしれませんが、他の女性と比べると、地味めな雰囲気の女性だったのです。特別に美人なわけではない、おしゃれなわけでもない、ごく普通の印象の人でした。20代のまだ若い時期でしたから、外見で惹かれる人が多いと思うなか、彼は、非常に堅実な人を選んだなという印象を受けました。

あるとき、どうしてその人とつきあったのか聞いてみたところ、「サークルの合宿で

一緒になったとき、お茶の淹れ方を見て惹かれたんだよね」と言うのです。

他の女性が、「お茶ってどうやって淹れるんだっけ……?」と、淹れ方がおぼつかないなか右往左往している状態で、彼女だけが、心得ていたそうです。単に淹れるだけでなく、急須を温め、そのお湯を湯のみに移して……とおいしいお茶を淹れる手順を知っていた。適温に温まって出てきたお茶は、風味もよく、本当においしかったと。

手順も心得、丁寧に、心を込めて淹れてくれた所作に、「こんなにおいしいお茶を丁寧に淹れられるこの子は、自分のことも、自分の友人や親のことも大切にしてくれるだろう」と感動して、おつきあいに至り、その後、結婚したのです。

たかがお茶の淹れ方ひとつとあなどれません。たかがお茶だから、そこに所作、ひいては人となりまで滲み出てしまうのだと思います。

今は、お茶と言えばペットボトルのお茶が当たり前というご家庭で育った人もいますので、抹茶どころか、煎茶の淹れ方も分からない人も多いようです。

だけど、ペットボトルのお茶よりも淹れたてのお茶ははるかにおいしいですから、淹れ方の所作を覚えておいて損はありません。しかも、それが男性を惹きつけるとなれば、覚えない手はありませんよね(笑)。

かくいう私も、主人とは27歳で出会い4か月で結婚を決めたのですが、彼は、私が、ファーストフードのようなリーズナブルなお店でも、支払ってくれたことに対して必ず、「ごちそうさまでした」と丁寧にお礼を言うところに好感を持ってくれたそうです。
ね？　男性は、女性が思うよりも、日頃の何気ない所作を見ているものです。

男性は、女性の所作をよ〜く見ている！
それが結婚の決め手になることもある

マネして、続けて、自分の所作にしていこう

「所作が美しいな」と思う人を見かけたら、まずはマネしてみる。それが、美しい所作を自分のモノにするはじめの一歩です。

先ほど、笹屋伊織の職人が、みんなが脱いだ靴をきれいに揃えていた話をしましたが、私は、それを見たとき、「今日から、私もやろう」と決めました。

以後、取引業者さんの来客時などに、脱いだ靴が揃っていなければ、手早く揃えるようにしています。ただし、相手がそれに気づくとバツが悪い思いをするかもしれないので、そこも配慮しつつ揃えています。

こうした毎日の所作は、習慣化すれば、いつしか自分のモノになっていきます。

自宅や会社の玄関だけでなく、履物を脱ぐお店やトイレのスリッパなども気になるよ

うになり、揃っていなければ気持ちが悪くて揃えるようになりました。

ここまで自然にできる状態にするには、その所作を続ける以外にありません。やったほうが良いといくら頭で理解しても、実践して、継続しなければ身につかないものだからです。

ＰＴＡの役員をご一緒させていただいて仲良くなった友人がいます。

「スポーツ好き」という共通点もあり、いつもは、ざっくばらんな感じで仲良くしている間柄ですが、ある日、彼女のお嬢さんがお稽古している日本舞踏の発表会に招かれたとき、強烈に印象に残る出来事がありました。

彼女は、発表会の会場内にある畳の控室で、見に来てくださった一人ひとりにお礼を述べていました。畳に座った状態で挨拶用の扇子を前に置いてお辞儀をしていたのですが、手のつき方、頭の下げ方など、その姿は、ぞくっとするほど美しいものでした。

彼女は京都生まれの京都育ち、幼い頃から日本舞踏を習っていると聞いていましたから、継続してきた所作の威力を感じ、「こういうのを、育ちがいいと言うのね」としみじみ思ったものです。

そのことを彼女に伝えると「えーっそんな事ないわー」と驚いていましたが意識して

いるわけではない、自然と身についた所作なんだとさらに感心しました。

ただし、所作は、やろうと思えば今日からできるもの。その一つひとつは、子どもでも教えればできるくらい簡単です。良いと思ったら、マネして、続ければ良いのです。大人になってからでも、自らの心がけ次第で美しい所作が身についていく人はいくらでもいます。「うちは、ガサツな家庭で育ったから、美しい所作なんてできない」と言う人もいるかもしれませんが、それは関係ない。そう思います。

私は、ごく普通の家庭で育ち、日本舞踏も茶道も華道も特に習っていたわけではありません。わざわざ所作を教わる機会もありませんでした。

でも最近なぜか、「田丸さんの所作を見習いたい」とお声をいただくようになりました。なかでもよく言われるのが、お辞儀のしかたです。

娘が幼稚園の頃、「お遊戯のあとの最後のお辞儀がすごくきれいだねー」と、周りの方々に褒められて驚いたことがあります。私は特に教えたわけではありません。娘は、小さい頃から笹屋伊織のお店で、私がお客様にお辞儀をしている姿をいつも見ていて、それをマネしていたんですね。

その理由は、まさに「継続は力なり」。毎日のようにお客様にお辞儀をしてきた。それだけのことなのです。

具体的なやり方については次章でお伝えしますが、特別な所作を学ばなくても、所作が美しいと言われるようになる。自らの体験を踏まえても、自信を持って言えます。

「あの人、いいな」と思う所作は、「マネする」「続ける」で自分のモノに

大切な人の前で、お化粧できますか？

笹屋伊織は、全国の百貨店にも出店しています。

私は、出店している店舗に出向くことがあるのですが、ある日、百貨店の休憩室に立ち寄ったときのこと。その壁に、タバコ禁止のマークと、化粧禁止のマークが貼ってあったのです。

男女一緒の休憩室なのに、堂々とお化粧を直す人がいるのか……と驚いたものです。休憩室だから気が緩むのか、「私の勝手でしょ」と思うのか、その真意は分かりませんが、それが「はしたない」ことだと認識していないのでしょう。

電車で化粧する、優先席に座る残念な人

電車の中でも、たくさんの人がいるのにお化粧を始める女性がいますよね。菓子パンを食べる人を見かけることもあります。

ああいう場面を目撃すると不快な気持ちになりますね。

「どうせ二度と会わない他人なんだから、どう思われてもいい」と開き直っているのかもしれませんが、他人にイヤな思いをさせて平気な人は、身近な人にもイヤな思いをさせている可能性は高いと思います。第三者をどうでもいいと思う人が、特定の人にだけ細やかな気配りができるとは思えません。必ず、どこかで綻びが出るものです。

もしも、「電車の中でお化粧直しして何が悪いの?」と思う人がいるなら、私はこう言います。「隣の席に大好きな彼のお母さんが座ってても、お化粧できる?」「前の席に憧れている女性がいても、お化粧できる?」と。

意中の人や、彼氏のお母さん、これから面接を受けようとしている会社の社長、大事な取引先のお偉いさんなど、あなたにとって大切な人と一緒に電車に乗ってお化粧できますか? できないならば、やはりやるべきではないと思います。

電車と言えば、7人掛けの座席に6人しか座っていないとき、少しずつ詰めればもう1人座れるのに誰も気にかけることなく、それぞれがスマートフォンに夢中になっている。若い人が体の不自由な方やお年寄りをさしおいて電車の優先席に座るのもそうですね。杖をついた方が目の前に立っていても、知らんぷりして席を譲ろうともしない。最近では、鉄道会社も工夫して、優先席のゾーンには、つり革の色を変えるなどしてそこが優先席だと一目で分かるようにしているのに、そんなことには目もくれず、空いていた席だからと座ってしまうのは残念です。

こちらについても、彼のお母さんや大切な人と一緒に電車に乗ったときでも、我先に！　と優先席に座れる？　と自分に問いかけてほしいと思います。

公衆の面前にいるときこそ、
所作は試されると心得よう！

条件で選ばない。それは、人生の所作

「老舗に嫁いで、安泰ですね」

ときどき、そう言われることがあるのですが、私が嫁いだときは、お店はまだ規模も小さく経営状態も安定しているとは言えませんでした。

今でこそ、全国の百貨店にも出店していますし、イオリカフェというカフェを展開するなど少しは知られるようになったかもしれませんが、当時は、少なくとも大阪から嫁いできた私にとっては、名前も知らない和菓子屋さんでした。住まいも、新婚の頃は狭い賃貸暮らし。決して世間が羨むような条件ではなかったと思います。

でも、私は、希望に満ちて幸せでした。

なぜなら、主人とは、いわゆるビビビ婚。共通の友人を介して出会ったその日に、

「この人と結婚するのかもしれないわ」と思い、現に4か月後には結婚していたのですから。その後、3人の子どもにも恵まれました。

私は、老舗和菓子屋だから、安泰そうだからという理由で主人を選んだのではありません。

主人を心から尊敬できる人だと思い、この人とならどんな苦労があっても、力を合わせて生きていきたいと思ったから結婚したのです。

その選択は間違っていませんでした。

そもそも、京都の和菓子屋で、「女将」と呼ばれる存在の人はほとんどいません。

もちろん、経営者である主人を支える「奥さま」はいますが、その人が、たとえ店頭で接客しようが、実質経営に関わろうが、「女将」として表に出ることはないのです。それほど、お菓子屋さんの奥さまが「女将」としてしゃしゃり出ることはあり得ないというのが業界の〝慣例〟でした。主人を陰で支えるのが奥さまの役割だと思われているからです。

ところが、主人は、私が「女将」としてお店を切り盛りすることについて、イヤな顔ひとつせず、むしろ歓迎してくれました。それどころか、自主的に社員研修を始めたいと相談したときも、「接客ありきの商売だから、大切なことだね。特に、お辞儀のしかたは従業員全員に徹底させていこう」と快く了承してくれました。

また、笹屋伊織は北海道から九州までお店がありますが、地方で働く店員さんは、京都の本社がどんなところか知らない人もたくさんいたので、「社内新聞を作って、笹屋伊織がどんなことをしているのか知らせていきたい」と提案したときも、「社内のことが分かると店員さんもお店に興味が持てるし、接客にも力が入るかもしれないね。やりたいように、やりなさい」と背中を押してくれました。

ホームページができたときも、いち早く「女将の部屋」というコーナーを作って、そこを利用して、私が積極的に笹屋伊織の情報発信をしていきました。もちろん、主人は協力的でした。

私が「新しいことをしよう！」と思ったとき、主人は、それが笹屋伊織のためになると思えることについては、世間の常識やしきたりという枠を取り払って全面的に支援してくれました。実際、私が笹屋伊織のために「良い」と思うことと、主人が「良い」と思うことはとても似ていたので、そこで意見が食い違うことはまずありませんでした。

だから私は、笹屋伊織に嫁いだことで、水を得た魚のように、やってみたいことに次々とチャレンジできました。

おのろけになってしまうかもしれませんが、私にとって主人は、人生において一番の味方であり、協力者です。

結婚も、仕事も条件で選ばない

これから結婚しようと思っている人は、条件で男性を選ばないようにしてください。

私からのアドバイスは、この一つだけです。

いい大学を出ているとか、いい会社に勤めているとか、次男だとか、背が高いとか、ええとこのボンボンとか、そんな条件ほど脆いものはないのです。いい大学を出ているからと言って成功するとは限らない。

次男なら、義父母とのいざこざが少なくて済むかもと思って結婚しても、長男が海外に行ってしまうとか、離婚してしまったとか、そんな話はいくらでも聞きます。

だから大事なのは、結婚相手を選ぶときは、いったん条件を取り外して、「この人を尊敬できるか」「苦しいときもこの人についていく覚悟ができるか」などを基準に考えたら良いのです。

仕事もそうです。内容よりも、時給が100円高いからこのバイト、基本給が５０００円高いこの企業で正社員などという条件で選んでしまうと、お金という条件によって職場をコロコロと変えてしまうことが起こり得ます。これでは、仕事のスキルも信用も得られないまま年月が経ってしまいます。

条件で選ぶ人は、いずれ自分も条件で選ばれます。

条件で仕事を選んできた人は、「45歳まで」という仕事なら、46歳以降になれば条件から外されてしまいます。でも、条件に囚われず目の前のことに一生懸命になってスキルを積んできた人なら、条件が存在しようが、50歳になっても60歳になっても生き生きと働けるチャンスはあるのです。現に笹屋伊織の販売員のひとりは、72歳。生涯現役。長年培ってきた経験値がモノを言いますから、若い人が教わることもたくさんあるのです。若い人に比べて体力が落ちてきても、会社にとって大切な存在です。だから、いつまでも必要とされるのです。

条件で選ばない。私は、これは言うなれば〝人生の所作〟だと思っています。

特に若い人ほど、お金という条件に振り回されるような安い女にならないでほしい。

お金で買えるものなんてたかが知れています。仕事も恋愛も、お給料がいいから、お金持ちだからなどという理由で選ばず、自分のやりたい仕事をする、自分が心から尊敬できると思う男性と恋愛する、を心がけてください。仕事のスキルも経験も、良い仲間も、尊敬や愛も、お金では買えません。

それが、40歳、50歳になったときに、「残念なオバちゃん」になるのか、「素敵な女性」になるのかの分かれ道になると思っています。

条件で、男性も、仕事も
選ばない。
それが、人生の所作

お客様が見えなくなるまで──京都のお見送り文化

京都人は、仕事であっても、プライベートであっても、帰り際、相手が見えなくなるまでお見送りする文化があります。

ご用達をさせていただいているお寺に和菓子をお届けにあがるときもありますが、こちらが取引業者という立場だろうが、ご住職さまは見えなくなるまでお見送りしてくださいます。

もしも京都に旅行に行って、京料理屋さんなどで食事をして、その帰りに、お店の方がお見送りをして下さったら、途中で振り返ってみてください。きっと、お店の方はあなたの姿が見えなくなるまで見送ってくれるでしょう。

笹屋伊織もそうしていますが、お客様をお見送りするときは、相手が角を曲がるなど、見えなくなるまでお見送りをしています。お客様の方から「どうぞお入りください」などと手で合図されるまでは店内には入りません。

お客様の中で、お見送りの際に振り返ってくれるのは、京都人。見送られていることが分かっているので、絶対に振り返ってくださいます。10mぐらい歩くと1回振り返って、そこでお互いにお辞儀をします。ここで、お客様の方から「どうぞお入りください」という合図がある場合もあれば、もう一度、振り返ってくださった段階で合図をいただく場合もあります。天候の悪い日は、「雨だから、お見送りはけっこうですよ。どうぞ中に入ってください」と言う方がほとんどです。

他の地域にお住まいの方は、その文化をご存じない人が多いので、まず振り返りません。お店の側はどなたでも、同じようにお見送りしますから、「気づいてくれたら嬉しいなあ」といつも思っています。

京都のお店に行く機会があれば、振り返ってみてください。「気づいてくれたんだ!」と嬉しいので満面の笑みで見送ってくれるはずです。

こんなに便利だから使わないのはもったいない！

風呂敷

風呂敷で エコバックをつくろう

日本人は風呂敷を贈る文化があるので、家にはたくさんの風呂敷があります。特に着物で出かけたときに誰かに 何かを渡すときは、紙袋の中に入れた状態よりも、風呂敷に包んだ状態のほうが見映えが良いです。

日常生活でも風呂敷は大活躍！　出張のとき、着物をスーツケースに入れる場合は、風呂敷に包んでから入れるようにしています。トランクに入れる1泊2日用の衣装ケースが売っていますが、風呂敷があればわざわざ買う必要はありません。着物にせよ、洋服にせよ、その形に合わせて包めるので重宝します。

出張のときは、2枚ぐらいは予備の風呂敷を持っていくようにしています。 何かをちょっと包むときにも活躍しますし、ホテル近くのコンビニまで買い物に行くときも、コンビニのビニール袋をさげてフロントを通るよりも、風呂敷で作ったバッグに入れてしまえば良いので楽です。(作り方は左ページ参照)

風呂敷バッグが優秀だなと思うのは、中に入れるモノの形状によって自由自在に姿を変えられること。スーパーに出かける ときも1枚持っていくと便利ですし、袋も不要になるのでエコにもなり ます。旅行先でお土産を買うときも、風呂敷を持っていけば、ワインだろうが、凹凸のある小物だろうが、お土産の形に合わせて収まるので本当に便利です。

作り方もとても簡単なので、ぜひ覚えて活用してください。

こんなに便利！

風呂敷バッグの作り方

使いやすいサイズは、90×90cm、120×120cm。普段使いには洗える綿素材がおすすめです。

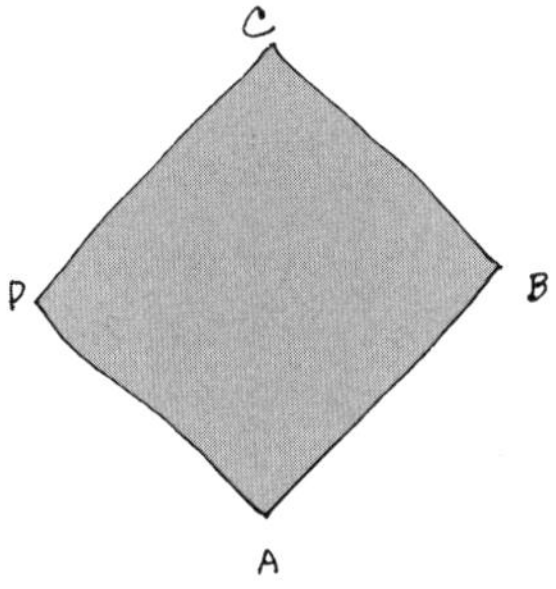

1 風呂敷の表になるほうを上にして広げる

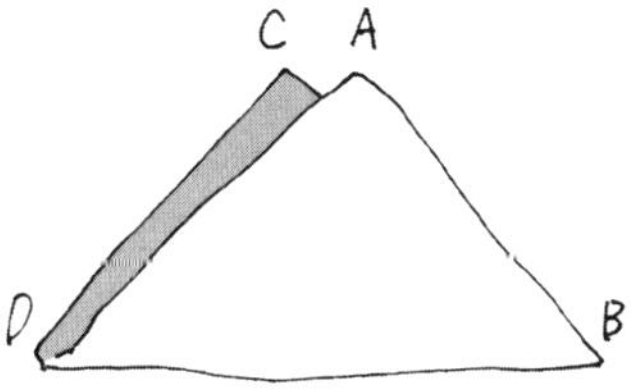

2 手前のAを対角線上のCに重ねる

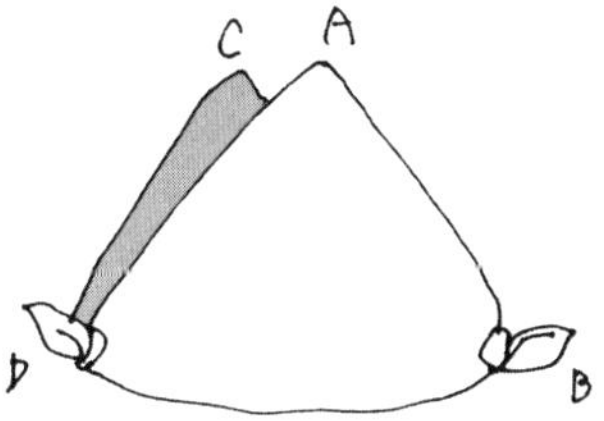

3 左右の端BとDのカドを、それぞれひとつ結びにする

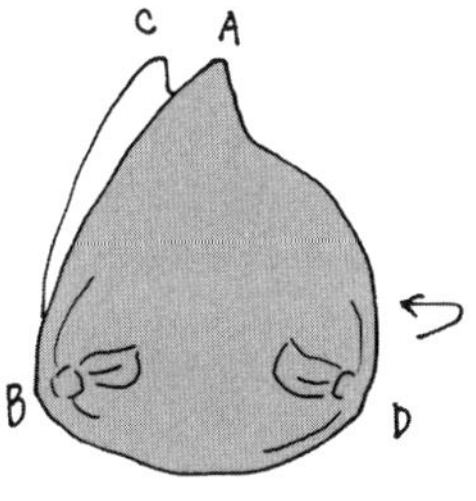

4 表に返して、BとDの結んだ部分を内側に入れる

5 **4**の状態でモノを入れ、残りの端同士AとCを「真結び」といって2回結んだらできあがり！

2章

美しい人をつくる立ち居振る舞い

美しい所作を強烈に印象づけるのは、お辞儀

はじめまして。ありがとうございます。さようなら……。

私たちは、毎日、いろいろな場面で、挨拶するときにお辞儀をする機会があります。

そして、年齢を重ねるほど、大切な場面でのお辞儀の機会が増えていきます。

彼氏のご両親にご挨拶するとき、結婚式のとき、会社の人や取引先の人に、子どもができれば学校の先生に、両親が年をとってきて病院に通うことになればお医者さまに……。丁寧なお辞儀をすることは、それだけで相手への敬意を表すことができます。

とはいえ、お辞儀は、日常的に行うがゆえに、頭をちょっと下げただけでなんとなく済ませてしまう人も多いと思います。

だからこそ、きちんとできる人は、それだけで目立つ。相手の目を惹き、一目置かれ

る存在になるのです。

外国人が日本人の態度を見て「礼儀正しい」と思うのは、お辞儀の文化があるからだと言われています。

きれいなお辞儀の基本は、頭を90度下げて、4秒キープ

私は、社員研修などでお辞儀のしかたを教えるときは、「まずは、自分の立ち姿をチェックしましょう」と伝えます。お辞儀云々の前に、立ち姿が美しくなければ、美しいお辞儀にはつながらないからです。猫背のままで、そこからいくら頑張ってお辞儀をしても、きれいには見えないのです。

ですから、はじめに、立ち姿から。

まずは、まっすぐに立ってみてください。

「まっすぐ」と言っても、分かりにくいかもしれませんが、背中にある左右の肩甲骨を内側に寄せて、肩のラインをちょっと後ろに下げてみます。すると、自然に胸が開く感じになりますよね。

このとき、かかとをつけて、つま先は30度ぐらいに開きます。といっても、これは目安でかまいません。要は、自分が一番安定する立ち姿なら良いのです。

そして、両ひざはキュッとくっつけます。両ひざをくっつけると、お尻もキュッと引き締まるんですよ。両ひざをくっつけるのが痛いと思う人は、O脚の可能性がありますが、日々、意識することで矯正されていきます。

姿勢が悪くだらしない状態で立っているのと、まっすぐにきちんと立っているのとでは、相手に与える安心感が違います。まっすぐに立つだけでも、「この人、ちゃんとしているな」「話を聞いてくれそうだ」という印象を与えることができるのです。

さて、このまっすぐに立った状態で、お辞儀をします。

首から折り曲げずに、背骨から頭の先まで一直線になるよう腰から上半身を倒すイメージで行います。

お辞儀は、「頭を90度下げて、4秒キープ」と意識してください。

実際にやってみると分かりますが、頭を90度も下げて、しかもそれを4秒も維持するのはけっこう大変です。

頭の下げ方も、15度、30度、45度などいろいろありますが最初は90度きれいに下げられるかを練習してみると良いでしょう。

　もちろん普段は90度まで下げる必要はなく、笹屋伊織の場合は、お客様がご来店したときはもっと浅めにお辞儀をして、お帰りになるときは深々とお辞儀をすることにしているのですが、「90度まで下げよう」と言っておかないと、45度以上はなかなか下がりません。４秒キープしなければいけない決まりもないのですが、それを目安にしないと、気づいたら１秒ぐらいでサッと顔を上げてしまう。人は、易きに流れるものなのです。

　大切なのは、ゆっくり上体を倒し、そこでいったん止まること。ゆとりが感じられます。

　だから特に、自分のお辞儀が習慣化するまでは、「頭を90度下げて、４秒キープ」を意識してください。

　そのうち自然とＴＰＯに合わせたお辞儀ができるようになります。

　笹屋伊織は取引先にお寺もたくさんあるので、お伺いすることがあるのですが、お寺のご住職さまは丁寧にお辞儀をしてくださる方が多く、そこで私はお辞儀とはどういうものか教わったような気がします。

　というのも、お互い同時にお辞儀をしたとき、「そろそろいいかな」と思って私が顔をあげても、ご住職さまのほうは未だ深々とお辞儀をしているということが何度もありました。私も、長めにお辞儀をしているつもりなのですが、まだ足りないわけです。その後、あれこれと試してみて、「90度下げて、4秒」の気持ちを基本とするようになりました。

お辞儀という所作が温かいコミュニケーションへとつながる

私は、丁寧なお辞儀を心がけているつもりでしたが、接客業なら誰もがやっている範疇のことをしているだけだと思っていました。でも、周囲の方々に「田丸さんのお辞儀はきれいですね」と言ってもらえるようになり、自分でも驚いています。お辞儀がきれいなのは、毎日の仕事に組み込まれているからに他なりません。

こちらが頭を下げると、お客様のほうも同じように、頭を下げてくださいます。こちらが笑って接客すると、お客様も笑ってくださる。まさに、お客様と店員は「合わせ鏡」のようだなと思いますし、お客様が笑顔でお帰りになる姿を見ると、接客業の醍醐味を味わうことができます。お辞儀を中心に、温かいコミュニケーションにつながっていることを実感する日々です。

どんな人もお辞儀をする機会はありますから、そのたびに意識してやってみれば必ず上達します。

もちろん、ただ頭を下げるだけでは意味がないし、やらされているお辞儀ではおそらく続きません。

実際、社員研修でお辞儀のしかたを教えても、実践し続ける社員と、はじめは実践していたけど、いつしか適当に済ませるようになってしまう社員がいます。

お辞儀ごときに価値を見出せない、面倒くさい、恥ずかしい、などの気持ちを持つ人もいるようですが、最も大切なのは、相手に感謝の気持ちを伝えることです。

お辞儀は笑顔でお客様の目を見て「わざわざご来店いただき、どうもありがとうございます」という感謝を込めて頭を下げます。

その心が伝わるとお客様が喜んでくださいます。結果として、「あのお店は、店員さんの雰囲気がすごく良くてまた行きたくなるのよ」などと良い評判を広めてくださるでしょう。

彼氏のご両親にご挨拶にお伺いするとき、気に入ってもらいたい、なるべく粗相したくないから、いつもよりも意識して、丁寧にお辞儀をしようと思いますよね。

あるいは、初めて一緒に仕事をする取引先と会うときも、良い印象を持ってほしいと思うから、丁寧なお辞儀を心がけるでしょう。これらも、自分のためになるからすると思うのです。

いざというときのお辞儀がサマになるのは、やはり、日頃のお辞儀の積み重ねしかありません。

心が伝わるようなお辞儀は、美しい所作の基本です。これが身につく頃には、おのずと品格も磨かれていると思います。

頭を90度下げて、4秒キープ。
日頃から心をこめて
お辞儀をしましょう

「歩く」「座る」日常の所作を美しく！

歩くとき、座るとき。

これらは当たり前の動作だからこそ、所作の美しさが問われます。

歩くとき。洋服を着ているときと、着物を着ているときでは歩き方は違ってきます。

洋服を着てハイヒールを履いて歩くときは、私は歩幅を大きめにとって、あまり膝を曲げずに颯爽と歩くようにしています。

ちなみに、私はハイヒールが大好きです。

なぜなら、男の人は履けないから。女性らしさの象徴だから好きなんです。見た目もきれいに見えますからね。長年、「7cmのヒールしか履かない！」というこだわりがありましたが、最近は、残念ながら7cmのヒールでは疲れやすくなってしまったので、5

cmのヒールに抑えています。

一方、着物を着て歩くときは、歩幅は小さめにとって、内またになるように意識して歩きます。腕にも気を配ります。神経質になる必要はありませんが、大手を振って歩くのは着物姿には似合いません。着物用の小さなバッグを持つことが多いと思いますが、手首にかけて、もう片方の手を添えて歩くと、きれいに見えます。

畳のお部屋に入るときは、「畳のヘリを踏まない」ように意識して歩きます。

畳の縁は、布で作られていますよね。昔は、布はとても高価なものでした。踏む回数が多いと、その分、擦り切れるのも早いですよね。だから昔の人は、ヘリを踏まないようにする人が多く、その名残が現代でも生きているという説があります。

また昔、皇族や公家など身分の高い方のおうちでは、畳のヘリに家紋が入っている場合もありました。まさかそんな家紋を踏むわけにはいきません。だから、踏まないという説もあります。さらに武家社会では、床下に潜んだ敵が畳のヘリとヘリの隙間から刀を突き刺してきたときに、怪我をしないためとも……。

諸説ありますし、絶対に踏んではいけないものではないようですが、私はなるべく踏まないようにしています。

イスに座るときの所作

「座る」には、イスに腰掛けて座るときと、畳の上に座るときがありますよね。

イスに腰掛けるときは、イスの前でいったん止まってから座るようにします。背もたれには寄りかからないこと。背もたれに寄りかかるほど深く座ると、緊張感がなくなり相手にだらしない印象を与えてしまうからです。浅めに腰掛けて、背筋はピンと伸ばすことを意識しましょう。その状態をキープするのはしんどいかもしれませんが、慣れてしまえば普通のこととしてできるようになります。

手は、膝の上に乗せて、かつ、重ねるときれいに見えます。

正座からの立ち方にも気を配ろう

正座は、畳の部屋が少なくなっていることもあり、普段はあまりする機会がないかもしれませんが、正座をすると、自然に背中がピンとして、すうっと気持ちが落ち着く感じがします。「心が整う」のだと思います。

私は、正座をするときの所作は、お茶のお稽古で学びました。

茶道や華道など「道」とつくものは、同じ「型」を繰り返し身につくまでやり続ける点は共通しています。

それが身について自分のものになったとき、頭で考えずとも、体が自然に動くようになるのです。

正座をするときの手の位置は、太ももの位置に自然な形で重ねます。このとき、指先をそろえて、甲にまるみをもたせ小さな「山」をつくるときれいに見えます。

正座から立ち上がるときに意外としてしまうのが、手をついて立ってしまうこと。

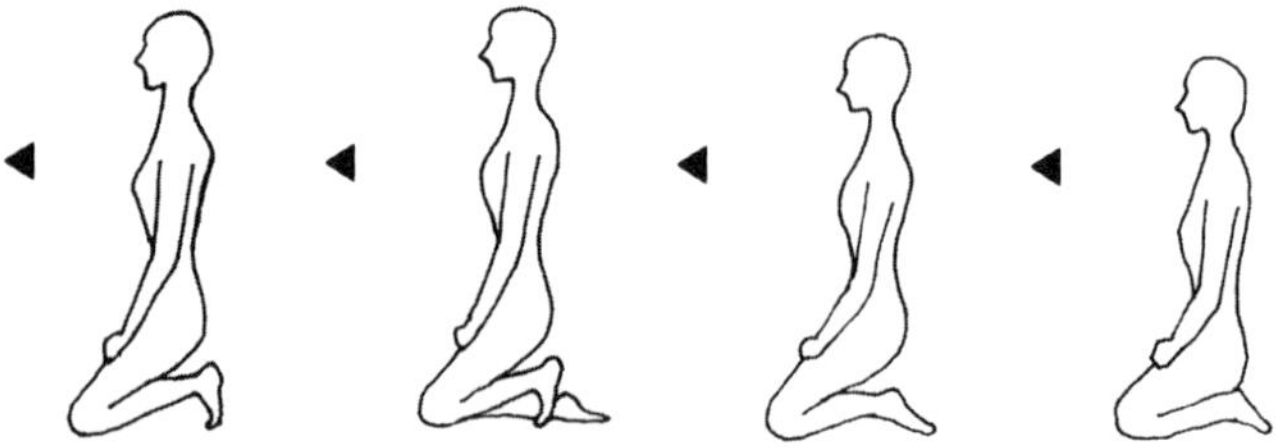

正座の姿勢から、両ひざのももに力を入れて腰を少し浮かせる。

左足のつま先を立て、次に右足のつま先を立てる。この状態が跪座の姿勢。

そうしたほうが楽なのですが、これは、お茶の先生からは「お猿さんになっていますよ」と冗談を言われてしまうほど不細工なのです。

立つときは、手は太ももの位置に置いたまま、ももに力を入れて、お尻を少し浮かせます。そして、つま先を立てて、両方のかかとの上にお尻をのせます。

この状態を、跪座《きざ》と言います。跪座にしてから立ち上がれば、畳に手をつかずとも、きれいに立つことができます。

手をついて立つよりも、かなり筋力を使います。日常生活に取り入れると知らず知らずのうちにトレーニングにもなり一石二鳥ですね。

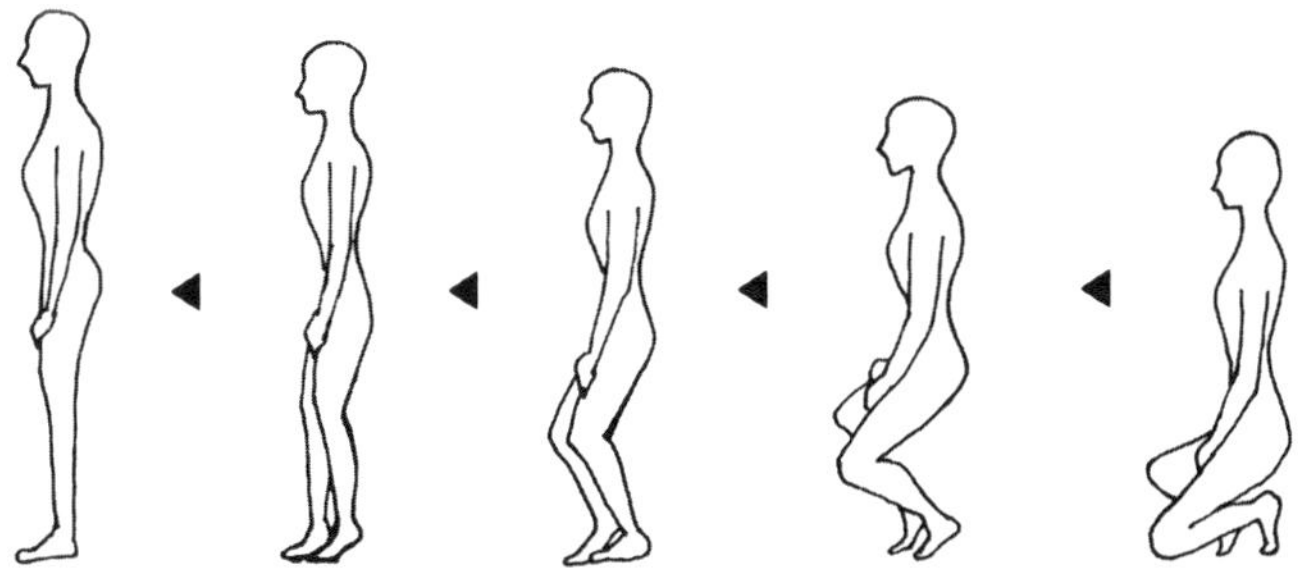

体の重心は両足の中間に置き、両足の膝を床から離して、ゆっくりと立ち上がっていく。

歩く所作をさらに美しくする足さばき

さきほど、着物で歩く場合は、「歩幅は小さめ、内またを意識して」とお伝えしましたが、もうひとつ、注意していただきたいのが、方向を変える際の足さばきです。洋服の感覚で無意識に方向転換すると、大股になり、着物の裾が乱れてしまいがちです。

着物のときは、向かう方向に、反対側の足をかぶせるようにして方向転換すると、大股にならずにエレガントな足さばきになります。これは、着物のときだけでなく、洋服、特にスカートのときにも

[右を向く場合]　左足を、向こうとする右方向にある足のつま先に、T字型にかぶせて足を揃える。

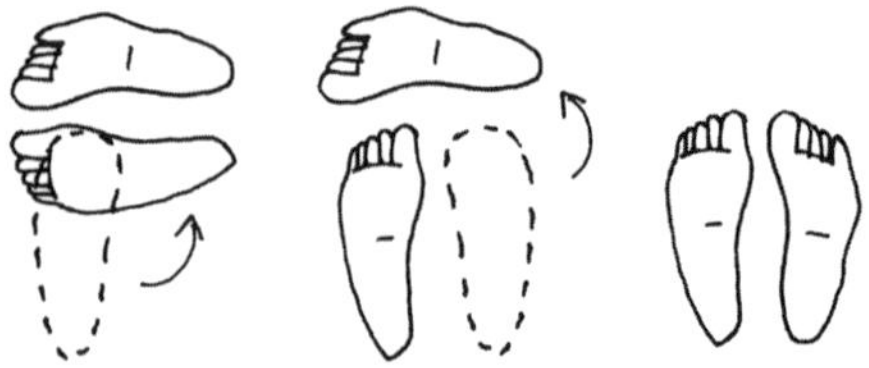

[左を向く場合]　右足を、向こうとする左方向にある足のつま先に、T字型にかぶせて足を揃える。

美しい動作ですので意識をされると良いでしょう。

基本は、まず立っている状態で90度ぐらいの方角に向きを変えるときに、片足をいったん現在の向きに対してT字にかぶせるように置きます。イラストのように、右を向く場合は、左足を右足の前にかぶせる、すなわちT字になるようにいったん置いてから向きを変える、左を向く場合は、右足を左足の前にT字になるようにいったん置いてから向きを変えると、美しく見えます。

ほんのちょっとした心がけの積み重ねが、所作美人への道。今日から取り入れていきましょう。

歩くとき、座るとき。
毎日の所作が美しい人は、
一目置かれる

所作の美しさは、〝端っこ〟にも表れる

所作の美しさは、〝端っこ〟に出ると思います。

立ち姿なら、つま先にも気を配る。靴を脱いだら、左右を揃えてかかとを自分側に向ける。体の先端、行動の最後など、端の部分まできれいだと、より一層、相手に良い印象を残せます。

〝端っこ〟の美しさが如実に出るのが、手元だと思います。

試しに、コップやお椀を持ってみてください。

指同士の間隔が離れていませんか？　離れているとどこか雑な印象になり、ぴったりとくっついていると、それだけで「きちんとしている人」という印象になります。

「端っこにも注意を払う」を意識して日々を過ごしてみましょう。

両手を重ねるときは、どちらを上に……？

立ち姿のときも、座っているときも、手を重ねる機会がありますよね。

このとき、単にベタッと重ねるよりも、ほんの少し「山」を作ることを意識するときれいに見えるし、指も細く見えます。

では、右手、左手のどちらを上にするのか分かりますか？

先に結論を言うと、「実は、どちらでもよい」のです。

茶道の流派に表千家と裏千家がありますが、表千家は、両手を重ねるとき左手を上にします。一方、裏千家では、右手を上にするように教わります。流派によって、違う。つまり、どちらも正しいのです。

私は、所作は、「こうじゃなきゃダメ！」という考え方はナンセンスだと思っています。教わるほうも「あれはダメ。これもダメ」という言い方をされたらしんどくなってしまいますよね。

しかも、所作とは、相手に不快感を与えないためのものですから「こうじゃなきゃいけない」というルールは厳密にはない場合が多いのです。

ただし、両手を重ねる場合は、多くの人が左手を上にすることが多いので、みんなでお辞儀をするときなどは、揃っていたほうがきれいに見えますから、社員には「色々な考え方がありますが、私たちは左手を上でそろえましょう」と教えています。

ちなみに、利き手が右手の人は、左手は普段あまり使いませんから、そちらを上にすると、指が細くてきれいに見える効果もあります。見映えの意味でも左手を上にするのは良いと言えます。

左手を上にすることが多いのは、西洋も同じ。右手は、日本では刀を持つ手。西洋では剣を持つ手なので、「あなたには絶対に刃向いませんよ」という意味が込められているのです。だから、左手を上にして右手を隠します。

裏千家が右手を上にして両手を組むのは、一説には「あなたのために、何でもすぐにして差しあげます」という意味があるそうです。

このように、裏千家と表千家は、手の組み方に限らず、様々なことが真逆の教えであることが多いです。それが、それぞれの流派の個性につながっているのですが、どちらが正しいというわけではありません。つくづく、決まりきった所作はないのだなと感じます。ただその一つひとつに理由があってそれを知っておくのも所作を身につけるうえで大切なことだと思います。

私は、裏千家で茶道のお稽古をしているので、つい右手を上にしそうになりますが、先ほどもお伝えした通り、他の人が左手を上にすることが多いので、普段はそれに合わせるようにしています。

両手を重ねるときは、
左手を上にして指先をそろえ
少し「山」を作るときれいに見えます

所作美人は、ふすまも、扉の開け方もスマート

ドアの開閉など、日常の細かい動作ほど品格は出てしまいます。扉をバタン！　と大きな音を立てて閉められたら、「今の誰？　何てガサツな人だろう」と思いますよね。人は、こうしたちょっとした所作から判断されているものなのです。ここでは、洋室、和室それぞれの扉の開閉について確認してみましょう。

洋室のドアは、開けるときはノックします。それが「失礼いたします」と呼びかけていることになるので、相手はなにかしらの返事をしてくれます。

ドアを閉めるときは、少し注意が必要です。すぐに手を離すと、ドアによっては一気に閉まって「バタン！」と大きな音をさせてしまうことがあるからです。閉まる直前まで手を添えていると間違いありません。

よくノックは2回、トイレは3回…というルールを耳にしますが、そもそもノックは日本の文化ではありません。室内にいる人に気がついてもらえるよう、ゆっくりきちんとノックすれば回数にはそれほどこだわる必要はないと思います。海外で生活される方はその国のルールに合わせられたら良いでしょう。

一方、ふすまを開けるときは、ちょっとしたコツがいります。

洋室のドアならノックすればいいだけの話ですが、ふすまはそれができません。ならばと、外から声をかけても、ふすまが閉まっていれば中の相手に声は届きにくいですね。ですから、ふすまを開けるときは、引き手に近いほうの手でほんの少しだけ開けて「失礼いたします」と声をかけます。少しだけ開ければ、中の相手も開いたことを感じるし、隙間が開いているので声も聞こえます。

そこで「どうぞ」と言われたら、そのままふすまの枠に手をかけて自分の正面までスーッと開けて、正面まで開けたら手を持ち替えて開けると美しいです。

実際にやってみると分かりますが、手を持ち替えるほうが合理的です。合理的なことを忠実にするから動作に無駄がなく、日本人の所作は美しく見えるのかもしれません。

正座をしてお辞儀をする……最近は、そんな機会も減ってきましたので、若い人のなかには両手を膝の上に置いたまま頭を下げる方がいらっしゃいます。両手は指先をそろえて人差し指同士がくっつくくらいの間隔でハの字にして必ず畳の上につきましょう。

中に入ったら、いったん座る

ふすまを開けてお座敷に入るとき、本来であれば、旅館の仲居さんがするように、正座をして開けるのが良いと思いますが、最近は畳の部屋でもイス席が多くなりましたし、立った状態で開けることもあると思います。部屋の中に入ったときにみなさまが座ってらしたら、こちらも目線を合わせるために、部屋に入ってから、いったん正座をして挨拶すると良いと思います。

私は、昔、これで失敗しました。

途中から遅れて宴会の席に参加したときのこと。立った状態でふすまの扉を開けたら、みなさまが座布団に座っていました。私は立ったまま「遅れてすみません。笹屋伊織の田丸と申します。よろしくお願いいたします」と深々と頭を下げて、自分の席につきました。その時点では、特に自分が粗相したとは思っていませんでしたが、私のあとに遅れて入ってきた人が、いったん中に入った時点で、正座をしてみなさまにご挨拶されたのを見て、初めて、「私は、見下ろす形でご挨拶をしてしまったんだ。目線を合わせないと失礼だったわ」と気づいたのです。

「あ〜、やってしまった……」と思ったものの、時、すでに遅し。以後、お座敷の席に参加するときは、みなさまが畳に座った状態ならば、自分も必ず正座してご挨拶することを気をつけるようになりました。

誰しも失敗はつきものです。失敗して、恥ずかしい思いをするからこそ、それを糧にして次に生かされることもあります。きちんとできている人をお手本にして、自分も良いところはどんどん取り入れてマネしていきましょう。

ふすまは、ほんの少し開けて
「失礼いたします」

「絵面」を意識していますか？

「絵面《えづら》」とは、あまり馴染みのない言葉かもしれませんが、「絵になるかどうか」だと私は解釈しています。尊敬するご住職さまも「絵になるかどうかを大切にしている」とおっしゃっておられ、「なるほど」と、私も絵面を意識しています。

例えば、着物姿のときは帯の生地でできた名刺入れを、洋服を着ているときは、革の名刺入れを使っています。

「着物×革製品」よりも「着物×布製品」のほうが、絵になりますよね？

また私は、ネイルアートはしません。

本当は、したいんですよ。女性は年をとると、それが真っ先に手に表れます。素敵なネイルアートをするとそれがカバーできるし、なにより指先がきれいに見えます。同世代の友人に会って、おしゃれなネイルアートをしているのを見ると「うらやましいなあ」と思います。

でも、やっぱりしません。

和菓子屋の女将がネイルアートをするのは、お菓子という食品を扱っていますので絵にならないと思うからです。これがもし、ジュエリーショップの奥さまだったら、むしろ積極的にネイルアートをしたほうが指輪も引き立って絵になると思うのですが、着物にネイルアートはなんだか私のなかでは違和感があるのです。

そういえば、30代のとき、一度だけ髪の毛を茶色くしたことがありました。

「若々しく見えるし、軽い感じになるからいいよね」と挑戦しましたが、着物姿に茶髪はしっくりきませんでした。

なにより、子どもたちから「お母さん、なんか違う！」と大ブーイング（笑）。自分でも、まさに「絵にならないわ」と思ったので、すぐに戻しました。以来私は、ずっと「黒髪で、ネイルアートもしない」を貫いています。そのほうが、より和菓子屋の女将として絵になると思うからです。

修学旅行生に教わった「絵面」

私が、この「絵面」を意識するようになったのは、14年ほど前。京都に来る修学旅行生に、京都や京菓子についてのお話をするボランティアを始めた頃でした。「江戸時代から続く京菓匠」と聞くと、「何か貴重な話をしてくれそうだ」と思ってもらえるようで、以前から中学校から打診はあったのですが、多忙を理由にお断りしていました。

でも、私は「中学生の思い出に残るなら、せっかくの機会でもあるし、やってみたい」と思い直してお引き受けしました。

始めた当時は、普段通り洋服のままお話をしていました。

というのも義母もあまり着物を着ませんでしたし、私に着物を強要することもなかったからです。私自身、今まで着物に縁のない人生でしたし、着付けのしかたもよく分かりません。「義母も着なくて良いと言ってくれているし、ラクでいいわ」と思っていました。

それが、修学旅行生が来てくれたおかげで自然に見直せたのです。

当日、みんなに京菓子のお話などをして、最後に私も加わって記念写真を撮ったところ、後日、中学校から、その写真と生徒一人ひとりが書いた色紙を送ってくれました。それを見て、「ああ、なんて申し訳ないことをしたんだろう」と後悔したのです。

一生に一度の思い出の修学旅行で京都に来て、老舗和菓子屋に立ち寄ったのに、洋服を着た女将が出てきてがっかりしただろうなと。いくらボランティアといっても、やはりきちんと着物を着ておもてなしすべきだと反省したのです。

その後、私は着物の着付けコースに通い始めました。当時、子どもがまだ小さかったので、子どもを抱えて習いに行ったのを今でも覚えています。

あのとき、嫁いでまだ時間が経っていないうちに着付けができるようになって本当に良かったと思っています。その後、イオリカフェというカフェをオープンし、そこでセミナーを開催するようになったり、講演依頼もちらほらと舞い込むようになりました。そのたびに着物を着るようになり、次第に自分で着付けができるようになったのです。

同様に、それまでは茶道の知識もなかったのですが、裏千家のお稽古に通い始めました。茶道についても、誰かに言われたからやったわけではなく、和菓子屋の女将なら、おいしい煎茶や抹茶を淹れられて然るべきだし、その知識を身につけておいたほうが何かと役立つだろうと思ったからです。

実際、その経験は今、イオリカフェにいらっしゃるお客様へ煎茶やお抹茶をお出しするとき、あるいは、講演などで人前で「おいしいお茶の淹れ方」をお教えするとき、「おもてなし」のお話をするときなどにも活かされています。

求められている立場を考えよう

「絵面を意識する」とは、「求められている立場を意識する」とも言えます。

お寿司屋さんの大将が、長髪でピアスをしてお寿司を握っていたら、「ここのお寿司は、本当においしいのかしら……」と不安になりませんか？　こざっぱりとした頭でパリッとノリのきいた白衣を着て、握ってくれたお寿司が食べたいですよね。

アパレルのデザイナーさんが、おしゃれとは縁遠いダサいカッコをしていたら「この人に任せて、本当にカッコいいデザインを作ってくれるのかしら？」と疑問になってしまうと思うのです。

どこかヨレた感じのスーツを着て、汚れた革靴を履いた、茶髪の銀行マンが勧誘に来たら、そういう人と契約を交わすのは抵抗があるはずです。信用に関わる商売をしている人は、それ相応の身なりをしている人のほうが契約率は高いと思います。

これだけでもお分かりのとおり、絵面を意識するのは、相手に安心感を与える意味でも、とても大切なことなのです。

老舗和菓子屋の女将なら、着物で接客して、おいしいお茶も淹れられる。多くの人がそう思うということは、それが私に「求められている立場」であり、「老舗和菓子屋の女将の絵面」なのです。


着物で、対応。

これが和菓子屋女将の絵面。

みなさんの絵面はどうですか？

相手を不快にさせない「女性らしい絵面」って？

先の「絵面」のお話の続きになりますが、私は、年を重ねるほど「女性らしい絵面」について意識したほうが良いと考えています。

例えば、自転車に乗っているときにマイクロミニのスカートをはく。子どもの運動会やバーベキューでかなりヒールの高い靴を履く。これらは、若い女性がしても「絵面が良くない」と思いますが、年を重ねた女性がやったら一層違和感を感じる人が多いと思うのです。

40〜50代になっても、若く見せたい。きれいでいたい。その気持ちはけっこうなのですが、若いときの感覚のまま、夏だからといってミニスカートに素足でサンダルを履くとか、キャミソール1枚で出歩くとか、肌の露出が多い格好は相応ではない、絵面が良いとは言えません。

先日、某お寺で、とある会議があったときに、素足で派手なペディキュアをして参加した妙齢の女性がいて、「オフィシャルな場で、しかもお寺なんだから、ストッキングをはくか、せめて靴下は持参してほしいなあ」と思いました。その集まりは、それなりの立場のある人たちが揃う場でした。素足の女性も、立場のある人なのに、他の場面でもこうなのかしら？　と残念に思ってしまいました。

年齢にふさわしい装いとは、個々人の好みもあり難しい面もありますが、少なくとも他人が目のやり場に困るような装いは控えたほうが良いでしょう。祖父からは、「人から振り返られるような華美な服装も好ましくないが、人から振り返られるほどみすぼらしい服装もダメだ」と言われてきました。

私は仕事上では流行に左右されないスタンダードなコーディネートを心がけています。また、白いシャツを着るときなどは、下着の柄が透けて見えないか、お辞儀をしたときに胸が丸見えにならないかなどもチェックしています。

もっとも私の場合、ちょっと若い格好をすると、すかさず息子から「余計に老けて見えるからやめなよ」と容赦なしに反対されるので、〝イタい〟と思われる格好はせずに済んでいるのではないかと思っています。

着物を着るときも、下着は気をつけています。

着物は、洋服のように立体的に裁断されていないので、体のラインが顕著に出ます。特に絹の着物は、お尻の形や、お腹がぽっこり出ているところがそのまま出てしまいます。ですから、下着はラインの響かないもの、さらに必ず鏡を見て後ろ姿もチェックしてから出かけます。

要は、相手に目をおおいたくなるような不快な思いをさせない「女性らしい絵面」が大切なのです。

男女それぞれの得意なことを伸ばそう

私は仕事の場面では、社長である主人には絶対に敬語を使い、基本的に社長の前にしゃしゃり出るようなことはしません。家にいるときはごく普通の夫婦ですが、それでも、例えばどなたかにいただいたお菓子などがあると、主人が先に口をつけてから、私もいただくようにしています。

これは、幼い頃に、祖父母と一緒に住んでいたとき、祖父がごはんに箸をつけるまでは祖母は決してつけなかったなど、「男性を立てる」のを見て育ったことに影響を受けていると思います。

私は、女性は三歩下がって黙っているべきだとは思っていませんが、かといって男性の前に出たいとも思いません。男性を立てるべきときは立てるのが、私にとっての「女性らしい絵面」なのだと思っています。

実際、男女間では、身体能力の差は確実にありますし、男性が得意なことは女性が苦手であったり、その逆もまた然りです。それぞれの役割や能力を尊重していけば良いと思っています。

年相応の装いを心がけること。
それが相手の安心感につながるから。

両手で渡す。「そのひと手間」が所作美人をつくる

ペットボトルのお茶やお水は、そのまま口をつけて飲む人が多いかもしれません。だからこそ、わざわざコップに注いで飲む。誰でもすぐできるそのひと手間をかけるだけで所作美人に見えます。相手に、「この人は、コップに移すひと手間を大切にする丁寧な人だ」という印象を与えるからです。

仕事の打ち合わせで企業に出向くときも、ペットボトルのお水とコップを一緒に渡してくれるところもありますが、ぜひともコップにいったん注いでからいただいてください。このとき片手で注ぐのではなく、片方はコップに添えて。

こうした「あと、ひと手間かける」というのは、他の場面でも応用できます。

例えば、相手にコップや資料などを渡すとき。片手で渡すのではなく、両手を添えて

渡す。そのほうが、明らかに丁寧な人に見えます。

自炊するときもそうです。

忙しい平日はパックの出汁《だし》でお味噌汁を作ってもいいけれど、ゆっくりできる週末は、昆布とかつおぶしで出汁をとるなど、「あと、ひと手間かける」。それだけで、いつもよりも断然おいしいお味噌汁ができあがるし、なにより、自分自身に、あと、ひと手間かけられる心の余裕を感じて穏やかに過ごせると思うのです。

いつもはペットボトルのお茶で済ませてしまう人も、休日は、ひと手間かけて、急須からお茶を淹れてみてはいかがでしょうか。おいしい淹れ方については、144ページでお伝えしますが、たいして難しいことではありません。

やらなくても誰かが困ることはないけれど、やってみれば他人といつのまにか大きな差がついていく。それが、「あと、ひと手間」ではないでしょうか。

「あと、ひと手間」は、丁寧な人を印象づける

道を歩いていて、持っていたハンカチを落としてしまったとき。

あなたなら、どうやって拾いますか？

立っている状態から、そのまま手を伸ばして拾ってはいませんか。

つい、そうしてしまう人は多いかもしれませんが、丈が短いスカートをはいているときなどは下着が丸見えになってしまうかもしれません。パンツスタイルだったとしても、下着のラインがくっきりと見えてしまうことがあり美しく見えません。

そういうときは、いったん、かがんで拾う。これが、所作美人です。

かがむことは「あと、ひと手間」になりますが、行為としてはものすごく簡単なことですよね。しかし、それをするとしないでは印象がまったく異なります。

特に40〜50代になってミニスカートをはいている人が、下着が丸見えの状態というのは、やはりいただけません。

以前、ミニスカートをはいた50代ぐらいの女性がお店でブーツを脱ごうとしていて、下着が丸見えになっていて、こちらが恥ずかしくなりました。あのときは思わず、慌ててその方のスカートを引っぱって見えないようにしたものです。

ご本人は、「あら、見えてたかしら？」と無頓着でしたが、どんなに素敵な洋服でも、これでは台無しです。

いったん、かがむ。その「あと、ひと手間」が面倒で横着するから、みっともないことになり、はしたない印象を与えてしまうのです。

逆に言えば、「あと、ひと手間」かける。それだけで、しとやかな人だと思われるのです。

丁寧に、あと、ひと手間を意識して。
横着すると、たちまちガサツな人になる

元通り美人になろう

立つ鳥跡を濁さず――。

立ち去る者は、自分のいた場所をきれいに始末していくべきだということわざがありますが、私は、この言葉は、相手のことを思いやる所作に通じることだと思っています。

例えば、みんなが使うお手洗い。使ったあとで便器のフタは閉めていますか？

手を洗った洗面台に水しぶきが飛んでしまったら、ペーパータオルなどで拭いていますか？

このように、「元の状態に戻しておく」ことは、とても大事だと思います。

私は以前、ある運送会社の社長と会食をしたことがありました。

見た目は無骨に見え、お話も豪快な感じでした。でも、その方がトイレから帰ってきたあとで私が使用しようとしたら（男女兼用でした）、トイレの便座のフタがきちんと閉まっていて、洗面所もきれいな状態だったのです。

特に、男性が使ったあとは、便座も便器のフタも上がりっぱなしのことが多くてゾッとします。そのなかで、フタまできちんと閉められていたので、「ああ、この人は次に使う人を思いやれる人なんだなあ」と嬉しく感じました。

その方に、そのことをお伝えしましたら

「あぁ、うちの会社は男ばっかりやから、皆にふたは閉めるように言ってるよ。だって、後から使う人は気持ち悪いもんなぁ」と、当たり前のようにおっしゃいました。こういう気遣いのできる方は、きっと最後まで責任をもって仕事をされるのだろうと想像ができます。

また私は、出張時によくホテルを利用しますが、部屋を出る時は、シーツがぐちゃぐちゃなままになっていないか、濡れたバスタオルや洗顔タオルは、バスタブなど1か所にまとめておいたか、ゴミはゴミ箱に入れたかなどをチェックしてなるべく元通りにしています。

あとで係の人が、お掃除しやすい状態にしておくのは、ささやかな配慮だと思います。

係の人は、その部屋に誰が泊まっていたか知りませんし、きれいな状態で帰ったからといってお礼を言ってくれるわけでもありません。

見えないところでも美しく立ち振る舞える。

それが品格を高めてゆくと考えています。

新幹線の座席でもそうですよね。

座っていた方の飲み物のカップや雑誌、ゴミがネットに入れっぱなしだったり、シートが倒れた状態のままだったりすると気分はよくありませんから、次の人のことも考えて気をつけたいですね。

品格が問われるのはフードコート

品格は、日常のさりげない場面にこそ表れます。

高級レストランに出かけたとき、所作がきちんとしているか、テーブルマナーが守れているか気にする人がいますが、いつもと違う場所では、ドレスアップしているし、ちょっとした緊張感もあるし、粗相はないか自ら注意を払っているので、意外と安心なのです。

それよりも、むしろ気をつけたいのは、日頃からよく使っているようなショッピングモールのフードコートなどに出かけるときです。

そういうときこそ、品格は出るからです。

フードコートは、いろいろなお店が並ぶなかから好きな食べ物を買って、空いている席で食べるシステムになっていますが、食器を片付けたあと、テーブルの上には、コップの水滴の跡や、ラーメンなどの汁が飛んでいたりするのに、平気な顔をしてそのまま帰ってしまう人がたくさんいます。フードコートには必ず台ふきんが設置されていますから、きれいに拭いて帰りましょう。

ファーストフードやカフェでもそうです。

お店を出るときには、自分でトレイを返却し、飲み物なら、飲み残しや氷を捨てる場所、空のカップを捨てる燃えないゴミの場所、ナプキンなどを捨てる燃えるゴミの場所などに分別をしていくと思いますが、面倒くさいのか、飲み残しの入った状態のまま捨ててしまう人も見かけます。ひどいときには、ゴミを捨てることもせず、トレイに乗った状態のまま、食べ残し、飲み残しがそのまま置いてある場合も……。

こういうカジュアルな場所でこそ、むしろ普段の生活が見え、品位が問われるのです。トイレのフタは閉める。フードコートで使ったテーブルは拭く。ファーストフードのゴミは分別してきちんと捨てる。

次に使う人や、掃除してくれる人のことを考えて、「元の状態に戻す」ことができるかどうか。その姿勢が、品格の差になって表れるのです。

使ったら、元の状態に戻す。
日常のさりげない場面で
所作美人は顔を出す

お中元は3回断って――京都人同士の阿吽の呼吸

私がお嫁に来た20年ほど前は、お中元やお歳暮を、直接自宅まで持って来てくださる人がたくさんいらっしゃいました。たいてい、取引先の社長か、奥さまが届けてくださいます。

初めて、その対応をしたときのこと。義母に「○○様から、お中元をいただきました」と言うと、「まさか、それ、1回で受け取ってへんやろね？」と言われました。

「え……!? 」と不思議そうな顔をしますと、義母はしまったという顔で、「あぁ先に言うとかんとアカンかった。京都では人さんからモノもらわはるときは、3回は断わってや」

え……？　「もらうことが分かってるのに、断るなんて、しらじらしいなあ……」と思っていたら、義母はこう教えてくれました。

「1回で受け取ってしもたら、そこで『ハイ、さようなら』で帰ってもらわなアカン。わざわざ家まで届けてくれたのに、それではあまりに愛想がない。だからお中元をいただいたら、『こちらのほうがお世話になってますさかい、そんなお心づかいはけっこうです』と断るんやで」

そうやって3回断れば、3回お礼を言うことができますよね。

その間に、『お子さんは、大きくなりましたか？』「最近、調子はどうですか？」など雑談するなどしてコミュニケーションを図れるのです。3回断るのは、単に遠慮しているのではなく、コミュニケーションを円滑にするための京都人特有の阿吽の呼吸なのです。素敵な風習だなと思いました。

今、お中元やお歳暮は、宅配便で届くほうが圧倒的に多くなりましたが、それでも、ときどき、わざわざお届けしてくださる方がいるときは、「3度、断る」くらいの気持ちで何度もお礼を言い感謝の気持ちをお伝えするようにしています。

メモにも
ティッシュにも
お皿にもなる！

お懐紙

使いこなせば、
所作美人度アップ

お懐紙も、風呂敷同様、今は目移りしてしまうほどいろんな柄がありますよね。

四季を感じさせる柄もたくさんあるので、私は季節ごとにお懐紙を変えて使っています。バッグに必ず入れていますし、着物で出かけるときは、懐《ふところ》に忍ばせて、いつでも取り出せるようにしています。ポケットティッシュよりも、使う頻度は高いです。

例えば、テーブルが汚れたとき。ティッシュで拭くとぐちゃぐちゃになってしまいますが、お懐紙なら大丈夫。吸水性があって、スマートに拭いて捨てられます。あるいは、立食パーティーのときは、コースターや箸袋にすれば、自分の目印になりますし、みんなでお菓子を取り分けるときにのお皿代わりにもなります。ちょっとしたメッセージを書く際のメモ代わりにも使えます。

その他、よく使うのが、訪問先で出されたお菓子などを残してしまったとき。その場に残さず、持ち帰るのが礼儀ですが、お懐紙があればささっとくるんでしまうことができます。

包むときのちょっとしたコツを知っておけば、美しく包めます。簡単ですからやってみてください。

残したお菓子は、お懐紙でクルリと包もう

懐紙で包めば見た目もスマート

残したお菓子を包むのはもちろん、ちょっとした小銭などをお返し、お渡しするときにもこぼれなくて便利。

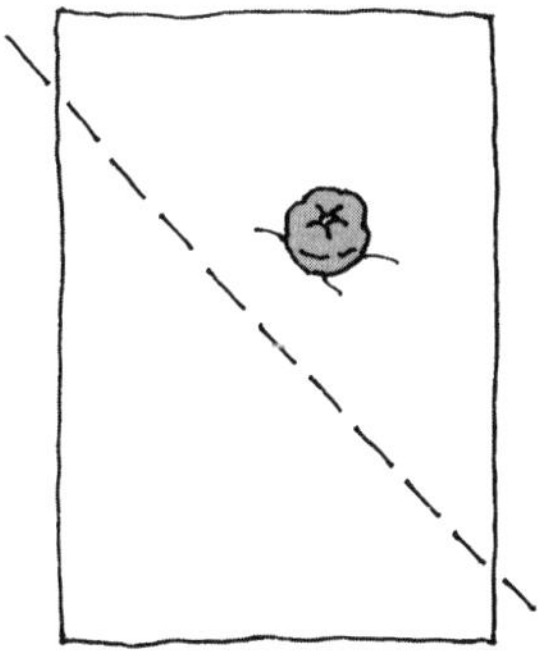

1 お懐紙を縦長にして、真ん中より上にお菓子を置く

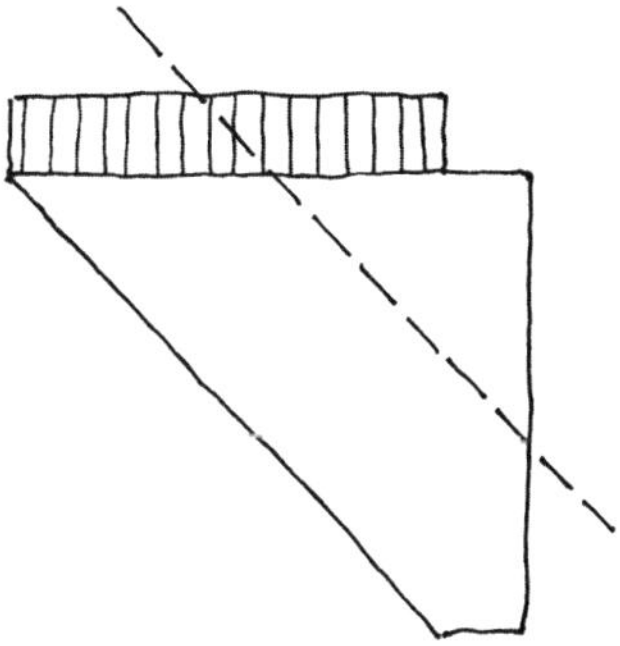

2 端を1cmほどずらして、三角形に折り、----線部分をさらに折る

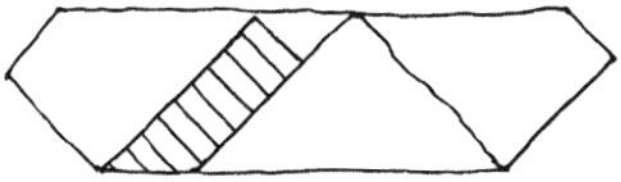

3 ひっくり返したときに山の頂点がはみ出されるように

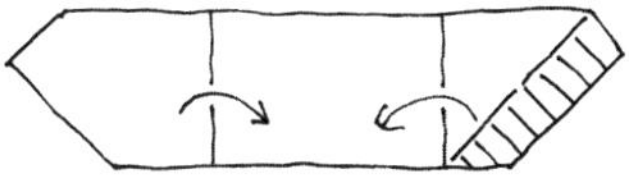

4 ひっくり返して両端を内側に折り、重なった部分を入れ込めばできあがり！

3章 美しい言霊を意識する

言霊＝ことだま／古来より言葉に宿ると信じられている不思議な力

挨拶は、どんな人にも、自分からしよう

「挨拶は、自分からしましょう」

私が、笹屋伊織の従業員にいつも言っていることのひとつです。

笹屋伊織は百貨店にも出店しています。百貨店は人の行き来が激しく、お店に来るお客様なのか、百貨店のスタッフの方なのか分からないときもありますが、「お会いした方には、どなたにでも自分から挨拶するようにしましょう」と教えています。

「こちらから挨拶して、返事がかえってこなかったらイヤだな」と思う気持ちは分かりますが、返事があろうが、なかろうが関係ないのです。

なぜなら、挨拶は相手のためにするのではなく、自分のためにするものだから。「私は、誰に対しても平等に挨拶する人間だ」と思うことが大事なのです。

毎日、相手に挨拶して、ずっと返事がもらえなかったら落ち込むかもしれないけれど、その人はそれまでの人、残念な人なのだと思えばいいのです。「あの人が挨拶しないから、私もしない」「後輩から挨拶すべきだから、先輩の私からはしない」では、挨拶しない人と同じレベルになってしまう。だから、不平を言わず、自分から挨拶しましょうねと伝えています。そして同じするなら明るく元気に笑顔でしたほうが自分も相手も気持ちが良いですね。

18歳の職人に、挨拶をし続けた

私がお嫁に来て間もない頃、新潟の和菓子屋さんのご子息が、職人としての修行のために笹屋伊織で一定期間働いていたことがありました。

高校を卒業したばかりで、全く知らない土地で、初めての一人暮らし……。

私は、姉のような気持ちで心配になり、毎朝、「○○君、おはよう」と声をかけて挨拶をしていました。

でも彼は、「あ……」ぐらいしか返事をしてくれないのです。

はじめは、「え？　私、もしかして嫌われているのかしら」と思いました。そのぐらいぶっきらぼうだったのです。

それでも、私はくじけずに、返事が来なくても自分から挨拶を続けました。

すると、ずいぶん経ってからですが、彼も打ち解けてきて、はじめは小さな声でしたが「おはようございます」と返事をしてくれるようになりました。

彼は3年後ぐらいに、お父さまの具合が悪くなり実家に帰ることになったのですが、最後に私に挨拶に来てくれてこう言ったんです。

「僕は、18歳でひとりで出てきて、右も左も分からず心細かったとき、若奥さんが毎朝『おはよう』って言ってくれたのがすごく嬉しかったんです。知らない土地にやってきて、挫折しかけたこともあったけどどうにか続けてこれたのは、若奥さんが声をかけ続けてくれたからです」

私は驚いて「挨拶しても返事をもらえなかったから、てっきり嫌われているのかと思っていたわ」と笑って言うと、「返事をするのが照れくさかったんですよ。僕は、挨拶のイントネーションも京都弁じゃなかったから、みんなと違うのもイヤだったし……」とのこと。

私は、そのとき、つくづく「ああ、挨拶を続けておいて良かった。勝手に嫌われていると思ってやめてしまわなくて良かった」と思いました。

以後も、「自分から挨拶をする。返事をもらえなくてもし続ける」ということを心がけています。

相手が確実に返事をしてくれる方法

ところで、ほぼ確実に返事をもらえる挨拶のしかたがあるのをご存じですか？

それは、「おはよう」などと挨拶するときに、ちゃんと立ち止まって、相手の目を見て言うことです。もしも相手が顔を上げていなければ、「◯◯さんおはようございます」と言う。そうしたら、返事をしてくれない人はいないでしょう。

感じのいい人の挨拶を見るとよく分かるのですが、そういう人は、例えば、相手とすれ違いざまに会ったとき、いったん立ち止まって挨拶していますし、パソコンで仕事中だったとしても手を止めて、あるいは立ち上がって挨拶しています。

従業員のなかで、「挨拶しても、気づいてくれないのか返事をもらえなくて……」という相談を受けたことがあるのですが、「相手は、あなたが『おはよう』って言ってるのが分からないのかもしれないわよ？」と答えます。

小声で挨拶したのかもしれないし、立ち止まらずになんとなく挨拶してしまったから気づかなかっただけかもしれないのです。だから、いったん手を止め、足を止めて相手の目を見て挨拶する。そうすると、「無視された」などと勝手に思い込み、人間関係がこじれてしまうのも防ぐことができます。

立ち止まって、相手の目を見て
名前をつけて挨拶する。
素敵な人は、みんなそうしています

「コミュニケーションは自分から」を意識して

先ほどの挨拶のところでもお話をしましたが、挨拶に限らず、まずは「自分から」話しかけることは、円滑なコミュニケーションを生みます。

例えば、どこかのパーティー会場で、知り合いをお見かけしたとき。私はなるべく自分から近寄っていって挨拶をします。相手が忙しそうだったら遠慮することはありますが、相手に気づいたら自分から声をかけにいく、遠くでお見かけした場合は、会釈はするようにしています。

知り合いだけが集まる場でも、先輩、後輩問わずこちらから「○○さん、ご無沙汰しています」などと、自分から話しかけるようにしています。

私は元来、とても引っ込み思案です。自分から声をかけることが苦手で、できれば気がつかれたくないと思っているタイプでした。

だからこそ、何かの集いにひとりで参加して心細いとき、誰かが向こうから「みゆきさん」などと声をかけてくれたときは、とても嬉しかったし、ホッとしました。声をかけられてイヤな気持ちがしたことは一度もなかったから、私も自分から話しかけることにしています。

自分から話しかけに行っても「ああ」とそっけない対応をされたり、話が膨らまないまま終わってしまうこともあり、気を落としてしまうことはあります。でも、それは全体のなかでほんの少し。まずは、自分から声をかけてみなければ分かりません。

自分から名前を言うと相手は安心する

「相手が、自分を覚えていなかったら恥ずかしい」。そう思って、こちらから声をかけるのをやめてしまうこともありますよね。自分に置き換えてみても、向こうが声をかけてくれたときに、相手の名前が思い出せずに内心焦ってしまうことがあります。

そういう場合でも、ちょっとしたコツがあって、相手が覚えていない場合を想定して、自分から先に名前を述べて、「田丸です。○○さん、いつもお世話になります」と声をかけるのです。すると相手は、安心して「ああ、田丸さん」と名前を呼んで話を続けることができますよね。

また私は、苦手意識のある人にも、自分から話しかけるようにしています。このときは、「苦手だなあ」と思いながら声をかけるのではなく、「お話しすればきっと仲良くなれる」と思うようにしています。

少々勇気がいりますが、実際、声をかけてみたら向こうは案外、歓迎だったということはよくあります。苦手だったはずの相手が、話しやすい、親しみやすい人に変わることはあるのです。ぜひ、声をかけてみてください。

声をかけられて、イヤな思いはしない。
だから、自分から話しかけていこう

言葉選びも所作のうち。言霊美人を目指そう

昔、ある人に聞いたのですが、あるとき、上司も含めた何人かで飲みに行って「2軒目も行こうか」と聞かれた部下が、「大丈夫です」と答えました。このとき、上司は、「大丈夫＝行けます」と解釈したけど、実は部下は「大丈夫＝行きません。けっこうです」のつもりで使っていたそうです。

同じ言葉を使ったのに、180度違う意味になってしまう。「大丈夫です」はその代表例だと思います。

便利で汎用性の高い言葉ほど多用しがちですが、誤解を与える表現は、極力置き換えたほうが相手に伝わります。

「2軒目に行こうか」と言われ、帰る気ならば、「今日はけっこうです」「またの機会に、

ぜひご一緒させてください」などと答える。ここで大切なのは、相手に「行かない」意志を伝えることですから、曖昧になりやすい「大丈夫」は避けるべきです。これは、話し方の所作と言うべきものだと思います。

ちなみに、「大丈夫」に関して言えば、相手に都合を聞くときに「大丈夫ですか？」を使う人は多いですが、頻繁に使うと、どこか幼稚な印象を与えてしまいます。「○日、ご都合はいかがですか？」などと聞くほうが良いと思います。

同様に、謝罪を示す言葉「すみません」も、多用はおすすめしません。自分に過失があったときに「すみません」、思わぬおもてなしを受けたときにも「すみません」、相手が気配り、心配りをしてくれたときも「すみません」で済ませたら、せっかく表現豊かな日本語があるのに、もったいない！

過失があるときは、「申し訳ありません」。思わぬおもてなしを受けたら、「恐れ入ります」、相手の心配りに感謝するときは、「ありがとうございます」と使い分けたいし、そのほうが相手の心にも響くと思います。

「すみません」や「大丈夫」で代用してしまわずに自分のなかの語彙力の引き出しを少しずつでいいから増やして〝言葉美人〟を目指したいですね。

老舗料亭の女将さんや、お茶やお花の先生は美しい日本語を話されます。お手本にしたい人が使う言葉遣いを聞いてマネするのは良い勉強になります。

きれいだなと思う言葉は、「お心にかけていただいて嬉しいです」「さようでございますか」「お手すきのときにご覧ください」「よろしゅうございますか」など。響きも美しいので、機会があるときには積極的に使うようにしています。

テレビドラマや映画でも美しい言葉を聞くことができます。美しい言葉遣いだなと思ったら是非使って自分のものにしてください。

イマドキ言葉は使わない

ある取引先の社長のお嬢さんが、初めて笹屋伊織に営業に来られたときのことです。第一印象は、「わあ、なんてきれいなお嬢さん」。華やかな雰囲気があってとてもステキな方でした。話を聞くと、彼女はかつてＣＡ（キャビンアテンダント）のお仕事をしていたとか。私が昔、とても憧れていた職業だっただけに、よけいに興味が湧きました。

楽しく雑談したあとで営業の本題に入ったのですが……。その彼女が、商品の説明をするときに、「ぶっちゃけ、この商品は～」という言い方をしたのです。

ぶっちゃけ……⁉

30歳そこそこのご年齢でしたから、普段、お友達と気兼ねなくおしゃべりをするときにそういう言葉遣いをすることがあるのは分かるのですが、初対面の仕事の場で、しかも、営業に来て「ぶっちゃけ」は……と思っていたところ、追い打ちをかけるように、「ぶっちゃけ、ゴウチャクだから安いんです」と言うのです。

ゴウチャク……？

そんな言葉は、初耳です。何かの略語だろうとは思いましたが、聞き返すのもイヤだなあと思ったので、「なら、こっちの商品は、何ですか？」ともう片方の商品を指して尋ねると、「こっちは、テンチャクです」と即答されました。

ああ。天然着色料のことか。

テンチャクは、天然着色料。

ということは、ゴウチャクは……合成着色料。やっと合点がいきました。

ゴウチャク、テンチャクという言葉遣いをする時点で、「取引相手が理解できない言葉かもしれない」という配慮ができない。きれいなお嬢さんなのにもったいないなぁと思いました。

今どきの言葉。これは相手を不快にさせるだけでなく、「この人と仕事をして大丈夫だろうか」と不安にさせますし、軽い感じに見えてしまうのも、もったいないことです。

同様に、「どうなんだろう?」と思うのが、カタカナ言葉です。

スキーム、コンセンサス、コミットメント、ソリューション、シナジー……。

他にもまだまだありますが、こんなふうにカタカナ言葉を連発されたら、「お年を召した方には伝わらないだろうな」と思います。

こうした言葉は、業種によっては半ば常識ぐらいの感覚で使用する人もいるようですが、確実に分からない人はいると思うのです。

略語も然り。メールで「MTGはいつにしますか?」と、ごく当たり前のように送る人がいるようですが、知らない人にとっては、何のことかさっぱり分かりません。

ちなみに、MTGはミーティングの略だそうですが、普通に「ミーティング」でいいじゃないのと、私はつい思ってしまいます。

カタカナ言葉や専門用語は、賢い感じに見えていいと積極的に使う人もいるようですが、「分からない人もいるかもしれない」という配慮が足りない時点で、賢い人だとは思えません。

そういう言葉は、わざわざ使わない。

誰かに話すときも、難しい言葉や専門用語はできる限り使わず、相手への思いやりを込めたやさしい言葉に置き換えてほしいなと思います。


相手を想うからこそ、言葉を選ぶ。

言葉美人は、所作美人です

話し方にも美しい所作はある

先ほどお伝えした言葉遣いに関連しますが、話し方にも美しい所作はあると思います。

私が主に心がけているのは、ふたつです。

ひとつは、相手の年齢や立場によって話し方を変えること。友達と話すとき、お客様と話すとき、目上の方と話すとき、お子さんと話すときでは、当然話し方は変わってきます。

例えば、目上の方と話すときや、あらたまった席では、自分のことを「わたくし」と呼びますが、友達の前でも「わたくし」にしたら、よそよそしい印象を与えてしまいますよね。誰と話しているのかを意識するのは、とても大切です。

お子さんと話すときは、やさしい言葉で短い文章で話します。そのときは、自然にお子さんの目線に合わせて、自分もかがんで話すようにしています。誰と話しているか意識すれば、動作や行動もおのずと変わってくるものです。

話し方のなかでも、注意が必要なのは、誰かを叱るとき。人間ですから感情的になることは誰にでもありますが、その思いに任せて叱るのは大人の所作にあるべからずと思います。

私は、笹屋伊織の従業員を叱らなくてはならない場面があります。ひと口に「叱る」と言っても、こちらが怒っていることを伝えるため、あえて口調をキツめにして叱ったり、諭すために静かなトーンで叱るなどいくつかのパターンがありますが、どのときも、自分の感情などはコントロールしたうえで話すよう努力しています。

叱られたら、誰だって少なからず傷つきます。ですから、必要以上に傷つけない配慮も必要だと思っています。

同時に、叱ったあとで、「でもこういうところは、あなたの長所だと思う」とフォローもします。相手の悪い面を指摘したら、良い面もきちんと評価する姿勢はあって然るべきです。

早口で話していることに気づいていない人は多い

もう一つ、話し方で注意していることは、ゆっくりと話すことです。

ゆっくり話すほうが、会話の内容が相手にきちんと届くからです。ゆっくり話すだけで、「余裕がある大人の女性」「美しい話し方をする人」と好印象につながります。

とはいえ、自分が「実は早口でしゃべっている」ことに気づいていない人は多いです。緊張すると誰でも早口になりますので、そのときこそゆっくり話すと落ち着くことができます。

私は、実家の母が早口だったこともあり、いつしか私も早口になっていたようです。でも、自分が早く話している意識なんてまったくありませんでした。

「もしかして、私って、早口なのかしら……?」と実感したのは、京都にお嫁に来てからです。京都人ののんびりした感じの話し方に、私のいかにも早くてちゃきちゃきした感じがとても目立ったのです。そこで初めて、「早く話すと落ち着きのない印象を与えるのね」と思ったものです。

お茶の先生からも、

「田丸さん、とにかくゆっくり話しましょう。自分でイライラするぐらいゆっくり話す。そのぐらいでちょうどいいと思いますよ」

以来、ゆっくり、そして、なるべくはっきり話すように心がけていますが、それでも未だに、私の講演会に顔を出した主人に、「もうちょっと間をとったほうがいい」などとアドバイスをもらうことがあります。「気をつけているつもりなのに、それでもまだ早くなってしまうんだな」と改めて気づきます。

「自分ごと」に置き換えられるように話す

「話す」ことに関して言えば「相手に興味を持ってもらえる話し方」も意識しましょう。

私は、京都に修学旅行に来て笹屋伊織に立ち寄った中学生に、京菓子のお話などをする機会があります。中学生って素直ですから、話がちょっとでもおもしろくないと数名ぐらいは居眠りしちゃうんですね。ですから毎年、「どうしたら彼らに興味を持ってもらえるような話ができるんだろう?」とあれこれと考えるようになりました。

例えば、「京菓子は、なぜ栄えたのか?」というテーマで話すとき、その歴史をだらだらとお伝えしても、中学生にとってはたいしておもしろくないのです。

だから、彼らが「自分ごと」として置き換えられる話にできないかな？　と思い、あるとき、クラブ活動にたとえて話をしてみました。

一番前に座っている子に、「部活は何部に入ってるの？」と聞いて、「サッカー部です」と言われたら、こんな感じで話を進めます。

「君の学校は、何人ぐらい部員がいるの？」

「20人ぐらいです」

「ならば、サッカーの試合をするときは、20人の部員から11人が選ばれるんだね」

「そうです」

「じゃあ、100人の部員がいる学校があるとして、そこがサッカーの試合をするときは、100人から11人が選ばれるよね。20人から選ばれた11人と、100人から選ばれた11人で試合をしたら、どっちが勝つ可能性が高いと思う？」

「そりゃ、100人から選ばれた11人です」

「そうだよね。京都はね、和菓子屋さんの数が日本で一番多いんです。つまり、今の話で言えば、100人も部員がいる学校のほうになるので、その分、レギュラーになるのが大変です。でもおかげで、笹屋伊織は、競争の激しいなかで揉まれたからこそ、どこにも負けないおいしいお菓子を作ろうとして強いお店になってきたとも言えるんです……」

こんなふうに、相手にとって「自分ごと」に置き換えられるように話をすると、みんな楽しそうに聞いてくれます。

ですから、今日から誰かと話すときは、相手にいかに興味を持ってもらえるかを頭の片隅に置いてみてください。どんな話をどんなふうに伝えれば相手が楽しんでくれるか、少しずつコツが掴めると思います。

相手によって話し方を変え、
ゆっくり話すのが話し方美人！

気持ちをほっこりさせる。それが、褒め上手！

先日、忙しい合間を縫って、夕飯を作るためにお肉を買いに行ったときのこと。

その日は、けっこう混んでいて、ショーケースの前にはたくさんのお客様、誰が次の順番か分かりにくい感じでした。私は辛抱強く待って、「次は私の番だわ」と思っていたら、アルバイトの若い女の子が、私ではなく隣の方に「どうなさいますか？」と聞くのです。その方も、私のほうが先だと分かっているはずなのに、厚かましくも注文し始めました。

私はイライラして、やっと順番が回ってきたとき、お店の女の子に私のほうが先だったことをチクリと言ってやろうと思っていました。

女の子に、「お待たせしました！」と言われ、「さあ、言おう！」と思ったら、その子が突然、「素敵なペンダントですね」と言うのです。

え……？

不意をつかれてびっくりです。

その日、私がつけていたペンダントは、若い人向けのお店で買ったそんなに高くないものでした。

「あら、そうかしら？」

つい、笑顔になりました。ほんの数秒前までは、「文句を言ってやろう」と思っていたのに。

すると、その女の子は、「ええ。すごく素敵です」と言います。お世辞ではなく、素直に言っているのが感じられます。

「でもね、これ全然高くないのよ」

「いや、それでも私たちにはきっと買えないです～」

そんな会話を交わしただけで、私はすっかり機嫌が良くなり、家に帰って子どもたちにも「今日ママね、このペンダントを若い女の子にほめられちゃった」と嬉しそうに言ってしまいました。

褒められると、誰でも嬉しい。イラついていた気持ちもほどけて、ほっこりする。それをつくづく感じた出来事でした。

身に着けているものを褒めてみよう

人を褒めるときは、「本当に思ったこと」だけを褒めること。本心から褒めなければ相手には響かないからです。

褒め上手は、意識的にせよ、無意識的にせよ、褒めるところを探しているのもポイントです。「この人は、メガネが似合ってるな」と思えば、「メガネがすごくお似合いですね」と声をかけてみる。そんなちょっとしたことから会話が弾むし、言われたほうも褒められているのですから悪い気はしません。

ただし、注意したいのは、必要以上に踏み込まないこと。「いくらでしたか？」というのは、親しい人でない限り控えるべきだと思います。

また、身体に関することについては言わないほうが賢明です。

こちらは本心から褒めても、相手が不快に感じることは往々にしてあるからです。

例えば、「お肌がきれいですね」という褒め言葉。私は、百貨店の化粧品売場の人にそう言われたとき、自分では同世代の人と比べて決してきれいだとは思っていないのと普段、実年齢より老けて見られがちなので、「もしかして、50代にしてはきれいだと思っているのかしら？」私は、まだ40代なのに……」と気を悪くしてしまいました。

「スタイルいいですね」と言うのも、同じです。こちらは褒め言葉のつもりで言ったとしても、相手は内心、「3kg太ったんだけどな……」と思ってがっかりしているかもしれません。

ですから、褒めるときは、身に着けている洋服やアクセサリーなどにとどめておくのが無難です。

第三者の褒め言葉を伝える

「Aさんが、あなたのことをすごく褒めていたよ」

相手を褒めるときは、第三者が褒めていたことを伝える方法もありますよね。

私も先日、知人男性から、「百貨店に入っている笹屋伊織で買い物をしたら、店員さんの接客態度がとても良かったです」と言われ、すぐにその彼女に連絡して、「お買い物をしたお客様が、あなたの接客態度を褒めていたよ。丁寧に対応しているんだね。いつもありがとう」と伝えました。

「第三者が褒めている」というのは客観的な事実ですから、場合によっては、直接自分が相手を褒めるよりも説得力が増します。

単純に、誰かが自分の良いところを褒めているのを知るのは気分が良いものです。積極的に伝えていきたいですね。

褒められたら、誰もが嬉しいもの。
ただし、体に関することは避けましょう

相手の名前を呼んで、コミュニケーションを円滑に

今は、携帯電話やスマートフォンに、名前などを登録しておけばどなたがかけてきたのか分かりますよね。だから私は、表示された名前を確認して、「山田さん。いつもお世話になっています」と、第一声で相手の名前を呼びかけてから話をするようにしています。

自分に置き換えても、取引先や知り合いから「○○さん」と名前を呼ばれたら単純に嬉しいですよね。「覚えていてくれたんだ」と、安心します。

当然それはビジネスシーンにおいても良い影響を及ぼします。できる営業マンは、先方の部長を「部長」ではなく、「山田部長」と必ず名字を入れて呼んでいて、それでコミュニケーションが円滑になり、契約率も上がるそうです。

夫婦喧嘩でもそうですよ。「おまえなあ」「あんたなあ」と言い合いしているとなかなか喧嘩が収まらないけど、下の名前で「花子ちゃんが」とか「太郎くんはさ」と言うと、おおごとにならないうちに終息するんですね。名前を呼ぶことは、相手への敬意を表すことになるので、抑止力が働くのかもしれません。

笹屋伊織の従業員にも、「できる限り、お客様のお名前をお呼びしましょう」と伝えています。

お支払いにクレジットカードを使うお客様はたくさんいらっしゃいますから、そこにはお名前が書かれていますよね。あるいは、領収書やのし紙を申しつけられるお客様のなかには、宛名をご自分の名字で指定される方もいます。

こんなふうに接客する短い時間のなかでも、お客様のお名前を知るチャンスはたくさんあるので、お客様のお名前が分かった瞬間から、「山田様。のし紙のお名前は間違いございませんか?」「山田様。本日は雨の中ご来店いただき、誠にありがとうございました」などとお名前をお呼びしながら話しかけるようにします。

お名前を呼ばれてイヤな気持ちになるお客様はいません。それがきっかけで、再度ご来店いただき、いつしか常連さんになっていただける可能性だってあります。そのぐらい、「お名前で呼ぶ」ことは威力があるのです。

だからこそ、自分が名前を名乗るときも、相手に覚えてもらえるような言い方をしたいものです。

私は、自己紹介するときは「田んぼの田に、日の丸の丸、名前はひらがなでみゆきで、田丸みゆきです」と、漢字を交えてお伝えします。そのほうが、映像として浮かびますので、「たまるみゆきです」で終わるよりも、よほど相手の印象に残ると思います。

名前を呼ぶことを徹底していた社長

私が、相手のお名前を呼ぶことを意識するようになったのは、嫁いですぐのことです。

ある日、笹屋伊織に、「今から行くので、どら焼を10本用意しておいてくれますか?」と一本の電話がかかってきました。

ほどなくしてご来店されたのは、大阪にある日航ホテルの社長でした。

とても紳士的な方で、「あなたは、若奥さんですか?」と穏やかな笑顔で私に話しかけ、「僕は小さいときから、笹屋伊織さんのどら焼が大好きで……」とおっしゃって名刺をくださいました。

どら焼は、笹屋伊織を代表する銘菓です。

どら焼と言えば、ドラえもんが好きなまんまるのどら焼をイメージする人は多いと思いますが、それとはまったく異なる円柱型をしている珍しいお菓子で、贈答用にも人気があります。江戸末期から、弘法大師の月命日に合わせて毎月21日だけ販売する限定品で、現在は毎月20、21、22日の3日間に延ばして販売していますが、それでもあっという間に売り切れてしまいます。

「私は大阪出身なので、日航ホテルは懐かしく感じるホテルです」と言うと、「ならば、今度ご実家にお帰りになるときにでも遊びにいらしてください。1週間ぐらい前に連絡をくだされば空けておくようにしますから」とおっしゃいました。

このときは、「社交辞令を真に受けて会いに行ったらご迷惑かも……」と思いましたが、その後も、「遊びにいらしてください」と自筆のハガキを送ってくださいました。ならば、お伺いしてみよう。昔の笹屋伊織のことをはじめ、いろいろとお聞きしてみたいこともあるから。そう思って、大阪日航ホテルの代表電話に約束のお電話をしました。「京都の笹屋伊織の田丸と申しますが、社長はいらっしゃいますか」と言うと、「恐れ入りますが、もう一度お名前をおっしゃっていただけないでしょうか」と聞き返されました。名前を聞き返されること自体は、よくあることです。

初めて聞く人には、「笹屋伊織」という単語は聞き取りにくいし、おまけに「田丸」という名字も「田村？」と間違えられやすい。ですから、「笹の葉の笹、屋根の屋で……」と店名の漢字と、「私は、田んぼの田に、日の丸の丸で田丸です」と名前を説明すると、受付の方は「秘書室におつなぎいたしますので。もう少々お待ちください」と秘書室につないでくださいました。

保留音が流れている間、「また、名前を言わなければならない」と思い、「今度は、一回で聞きとってもらえるように滑舌よく話そう」などと身構えていました。

しかし、秘書室の方に代わると、不安は一蹴されます。

「田丸みゆき様ですね。大変お待たせいたしました。秘書の○○でございます。」

名前で呼ばれる嬉しさと安堵感――。

社長は秘書の方にも「お名前を呼ぶ」ことを徹底させていたのです。行き届いた対応に感激しました。

私は、このときの経験から、お客様にせよ、取引先や仕事関係の人にせよ、意識して名前で呼ぶようにしています。「ああ、覚えていてくれたんだ」と思うと、相手は安堵し好感がもて、同時にお互いの距離感もグッと縮まります。

名前で呼ぶのは、喜びと安心感を与える。
今日から、意識して名前を呼びかけて

聞き上手は、愛され上手

以前、ある男性が知り合いの女性のことをすごく褒めていたことがありました。

何人かで食事をしていたそうなのですが、男性同士で趣味の話で盛り上がるなか、女性はその話には興味がないだろうに、ちゃんと聞いていて、笑うところは笑っていたと。そういうとき、多くの人は、ぼんやりしたり、席を立ったり、携帯電話をいじっていると思うのに、彼女の姿勢は素晴らしかったと言っていたのです。

それで、「今は、聞き上手は少なくなっているのかもしれないな」と思いました。

これは、核家族化が影響しているのかもしれません。母親は忙しく、子どもの話をつい、うわのそらでしか聞かないことがありますが、子どもは、「自分の話を聞いてくれない」ことには、とても敏感に反応します。

幸い私は、祖母と一緒に住んでいたので、母が忙しくて聞いてくれないときも、祖母はいつまでも話を聞いてくれました。だから、幼い頃から聞いてもらうことに飢えることなく、今は、聞き役になる機会が多くても、「私が、私が」と自己主張せずに済んでいるのかもしれません。

聞き上手は、相手が喜びます。単に話を聞いてほしいだけで、アドバイスを求められているわけでもありません。聞いているだけでよいのです。それだけで、「あの人は、自分を分かってくれている」と満足してもらえます。聞き上手は、愛され上手です。

話に割って入る、自分の話にすり替えるのはNG

人と話をするときは、「その話の主役は誰なのか」「誰を引き立たせるべきなのか」に注意を払ってほしいです。

話を聞いているときに相手が不快になるのは、話に割って入ったり、自分の話にすり替えてしまうこと。「ディズニーランドに行ってきたんだ」と話をしている相手をさえぎり、「私は、USJに行って……」と割って入るとげんなりさせてしまいます。

相手が話をしている途中で、「分かる、分かる。私もね～」と割って入るのは、相手のことを理解できるチャンスをフイにしてしまうのでもったいないと思うのです。

また話の出だしが相手と被ってしまうことがありますよね。そのときも我先にと話を進めず、「お先にどうぞ」と譲れる余裕をもっていたいものです。

私は、京都のホテル日航プリンセスの社長と、年に1回30名ほどでお食事をする機会があるのですが、その社長は、いつも人の話をニコニコと聞いてくださる方なんです。「聞き上手なこの人は、きっと魅力的なんだろうな」と思い、「社長はどういう経緯を経て社長になられたのですか？」とお尋ねしたことがあります。

すると、彼は、京セラの技術部門で長年働いていて、京セラがホテル事業を始めたときに、「ホテルの社長になってほしい」と打診されたお話をしてくださいました。製造畑で働いてきた自分が務まるのかという不安はあったものの、会社のためになるのならと引き受けました。とはいえ、接客業とは無縁の世界で生きてきたので分からないことだらけ。そんななか、スタッフの仕事を連日観察したり、話を聞いていたら、異業種から来たからこそ改善点など見えてくることがあり、今に活かされているというお話でした。

自慢気に話されるわけでもなく、物語のようなお話を、「僕なんかはまだまだで……」という謙虚な姿勢で語る、誠実で愛情深い社長のお人柄に私はいっぺんでファンになりました。その場では、私も含めて5人ぐらいがその話を聞いていたのですが、誰も口を挟む人はいませんでした。仕事のできる方々は、さすがみなさん聞き上手だなと思った出来事でもありました。聞き役に回れば素晴らしいお話が聞けるチャンスが増えます。

好きな人だからこそ、聞き上手に！

好きな人や、気に入ってほしい人の前では、「自分のことを知ってもらいたい」という気持ちが先行したり、あるいは、シーンと沈黙になったら「つまらない思いをさせているかもしれない」と怖くなり、ついついしゃべりすぎてしまうことがあります。

好きだからこそ出てしまう態度なのは分かりますが、たいていの場合、あとで「でしゃばってる印象を与えたかもな」とか「もっと彼のこと知りたかったな」などと後悔しがちです。

ここでも、聞き上手に徹するほどうまくいくように思います。

相手の話に興味をもって相槌を打ちながら聞く。このほうが、相手のこともよく分かりますし、「この人はちゃんと聞いてくれる人なんだな」と好印象を持たれます。

例えば映画の話をしているときは、ひとしきり聞いたあとで、「私も、その監督が好きなんだけど、他におすすめ映画はある?」などと、話を引き出していくほうが会話がつながって楽しい時間を過ごせると思います。男性は、自分の話を聞いてくれる女性に惹かれるものです。楽しく聞いて、話を引き出していく。好きな人だからこそ、「聞く」姿勢が大切です。

人の話をとらない。聞き上手は、周囲からの評価もアップ

謝るときは、心から。おわび上手になろう

友達や彼には、「ごめんね」。

仕事相手には、「申し訳ございません」。

「ありがとう」は気軽に言えるのに、「ごめんなさい」はとっても言いにくいですよね。

自分に非があると分かったときは素直に謝るべきなのに、意地になってしまうと、なかなか謝罪の言葉が出ないまま余計にこじれてしまうことがあります。

近しい人ほど言いにくいのは、「自分は悪くない」と正当化したり、謝ったらこっちが負けだと変なプライドが邪魔するからだと思います。

でも、きちんと謝ってくれた人に嫌な気持ちを抱く人はいません。

「ごめんなさい」を言うのは勇気がいりますが、きちんと言える人でありたいものです。

もう10年ほど前になりますが、笹屋伊織の関東地区の社員研修のあと、集めたアンケートの感想の中に、私に対して批判的な意見を書いた男性社員がいました。

私は彼に期待していたこともあり、良く思われていなかったことにショックを受けました。「私にも、どこか至らないところがあったのかもしれない」と思いつつ、彼に直接聞けないまま、心のどこかで引っかかりを感じながらも、時間が過ぎてしまいました。

3〜4年が過ぎ、ある日の出張のときに、足を伸ばして彼の配属先の店舗へ会いに行きました。元気で過ごしているか、ずっと気になっていたからです。

すると、彼のほうから「あのときは、自分でもどうしてあんなに批判的なことを言ってしまったのだろうと、ずっと謝りたいと思っていました。申し訳ありませんでした」と言ってくれたのです。

なんのことはない、お互いがずっと気にしていたのです。

たったひと言の「ごめんなさい」が、心に沁み渡り、それまでのわだかまりが氷解する。そしてより信頼できるようになる。嬉しくて涙が出ました。

あなたの彼のお母さまからの苦情だったら？

仕事で、お客様から苦情のお電話を頂戴することがありますよね。

このときも、「素直に謝る」のが基本です。

若い従業員ほど、「なんでこんな小さなことで苦情を言ってくるのだろう？」と思う人もいます。

その気持ちは、当人が気づいていなくても、態度に必ず表れます。

たとえ表面上は「申し訳ございません」と謝罪の言葉を述べていても、「とりあえず、代品を送っておけばいいだろう」「とりあえず、返金すればいいや」という気持ちで対応することになり、それは当然、お客様にも伝わりますから、余計に怒りを買ってしまうのです。

知らない人が、何か怒っている。

よく分からないけど、怒っている。

そう思うから、怖い、面倒くさい、わずらわしいと思うのです。

だから私は、そういう従業員にはこう言います。

「もし苦情のお電話をかけてきたお客様が、あなたの彼氏のお母さまだったらどう対応するだろう?」

「せっかくうちのお店でお菓子を買ってくださったのに……」と思うはずです。

そうしたら、心からの「申し訳ありませんでした」という謝罪の言葉が出るでしょうし、何とかしてさしあげたいと思うでしょう。

その気持ちはお客様にも伝わると思うのです。

謝罪したうえで、お客様に心を開いてもらうには、「相手が思っていることを、こちらが先に口に出す」ことです。

「注文したお菓子の数より少ない数で届いた」という苦情を頂戴したとします。

このとき、「申し訳ございません」と心からお詫びしたあとで、「ご人数分のご用意されていたはずなのに、お一人だけ足りないなんて、お困りになりましたよね。」と先回りして言えば、お客様は、「この人は、分かってる」と気持ちもおさまります。

ご来店して苦情を頂戴した場合は、「暑い日にわざわざご足労いただいて、誠に申し訳ございません」と言うと、わざわざ来たことが伝わっていると分かるので、お客様は、苦情は述べられつつも、気持ちは和らぎます。

こうした対応は、少し想像力を働かせれば、誰でもできることです。

誠心誠意の対応は、相手に伝わる

私が嫁いだばかりの頃は、今よりもっと従業員の数も少なかったのでクレーム対応はほとんど私がしていました。

あるお寺で、大きな縁日があったときのことです。

その縁日に便乗し、笹屋伊織でも、お菓子を路上販売したことがありました。

すると、販売の学生アルバイトの女の子が泣きながら電話をかけてきたのです。

「入れ墨している男の人に、誰の許可とって商売してんじゃ！　とすごい剣幕で怒鳴られて、電話番号を渡されました」

慌てて電話をかけると、「責任者に挨拶こさせんかい」と怒鳴られましたのですぐさま呼び出された場所まで出かけました。ひとりで待っていると、スキンヘッドの怖そうな男性が肩で風を切ってこちらに向かってきます。

「うわ～。何を言われるのだろう」

当時の私はまだ30歳そこそこでしたが、名刺には「取締役」と書いてあります。名刺を渡しながら、「女なんかが出てきて、お前、なめとんのか！」といきなり怒鳴られたらどうしよう？　とハラハラしました。

相手の出方によってはすぐに警察を呼んでもらおうなどと思っていましたが、幸い、そんな感じはなかったので、私は、まず相手がなぜ怒っているのか話をひたすら聞きました。それから少しでも売り上げを上げようとして路上販売のルールについてよく知らないまま見切り発車してしまったこと、もう少し勉強してからするべきだったこと、大阪から嫁いできたばかりで右も左も分からずにご迷惑をおかけしたことなどを一生懸命に話しました。

すると、その男性はひと言、「もう、ええわ」。

それどころか、穏やかな声で、「これから分からんことや困ったことがあったらワシに言うて来い」と言ってくれたのです。

面と向かって誠心誠意謝ると、やっぱり相手には伝わるんだ。私は、そのことを確信しました。

謝るときは、心から。

相手の立場や気持ちに寄りそって考えれば、おのずと相手の心を開く謝り方がみえてきます。

誠心誠意の謝罪は、相手の心を開く。自分から謝るのがこじらせないコツ

「ありがとう」は、すぐ伝えるのが、お礼上手

人に何かしてもらったとき、「お礼は、すぐに！」。これはとても大切なことです。LINEなどのSNSやメール、電話、会いに行くなど、お礼を伝える手段は様々ありますが、私は状況に応じて臨機応変に対応しています。

うちのお店は、私の知り合いがご来店下さると必ず私に連絡が入ります。そういうときは、「先ほどは、お買い上げいただきありがとうございます」と即、電話やメールでお礼を述べるようにしています。これが仲の良いお友達なら、「どうもありがとう」とLINEするときもあります。

その日、講演やその他の用事が入り、ほとんど時間がとれない場合でも、その日の夜か、翌日のなるべく早い段階でお礼のメールなどを送るようにします。

手紙を書こうと思うと、とたんに「失礼のないように書かなければ」という気持ちが先行し、結局、どう書いていいのか分からずに時間が過ぎて出さずじまい……ということがありますよね。でも一番大切なのは、お礼の気持ち。時節の挨拶を入れてうまく書こうなどと気張らずに、「先日は、ありがとうございました」で始める簡単な手紙でも構わないのです。

このとき、一筆箋が大活躍します。

例えば、誰かに何かをいただいて、次にその人に会って、ささやかなお礼の雑貨をお返しとしてお渡しするとき。そこに、一筆箋で「ありがとうございました」という一文を添えて渡すだけでも、その気持ちは相手に届きます。手紙のように長々と書く必要もありません。文具店などに行けば素敵なデザインの一筆箋がたくさん売っています。一冊持っておくと重宝しますよ。

先日は、近所に寄ったついでに、お世話になっている取引先にご挨拶に伺ったところ、社長がご不在だったので、持ち歩いているお懐紙にひと言、「いつもお心にかけてくださってありがとうございます。また、お邪魔いたします」と書いて受付の方から渡してもらいました。要は、一筆箋だろうとお懐紙だろうと、字が上手でなかろうと、直筆の温かさで相手に「ありがとう」の気持ちを伝えることが大切なのです。

私は、挨拶の冒頭に「いつもお心にかけてくださってありがとうございます」と書くのが好きです。特にメールでは、「お世話になっています」が冒頭の常套句のように使われますが、どこか自分のなかでしっくりこなくて、良い表現がないかな？　と思っていました。よくよく考えてみたら、「田丸さんのところでお菓子を注文しよう」とか、「田丸さんに講演をお願いしよう」と思っていただけるのは私のことを心にとめてくださっているから。何かのときに思い出してくださる。それはとてもありがたいことだと思い、以後その言葉を好んで使うようになりました。

公共の場で、家族に対して、ありがとう

私は、自分の子どもたちには、「バスやタクシーを降りるときには必ずありがとうを言いましょうね」と教えて育てました。3人の子どもたちは、その教えを素直に守り、小さな頃からバスやタクシーを降りるときは、「ありがとうございました！」と元気よく言ってくれました。今は、習慣化しているようです。

「ごちそうさま」も、そうですね。他人にご馳走になったときに言うのは当たり前ですが、外食時に主人がお金を支払ったら「パパに、ごちそうさましようね」と教え、私から「パパ、ごちそうさま」と言っていたら、子どもたちもはじめはマネして、次第に当たり前のように「パパ、ごちそうさま」を言うようになりました。
家族間であっても、「パパやママが払うのが当たり前」ではなく、してくれたことに対して「ありがとう」の気持ちを伝えるのは大切なことだと思います。

ありがとうの気持ちは、
すぐ伝えよう! 短い言葉で
お礼が伝わる一筆箋も重宝します

京都に「和菓子屋」はない!?――餅屋さん、おまんじゅう屋さん、お菓子屋さん

京都以外の地域では、「和菓子屋さん」と言えば、お饅頭や生菓・飴、羊かん、おせんべいなども売っていて、お正月になればお餅やお赤飯も用意しているところを指しますよね。

でも、実は京都では、あれもこれも売っている和菓子屋さんはありません。

京都の和菓子は、餅屋さん、おまんじゅう屋さん、お菓子屋さん……などと細かく分かれています。ちなみに、八つ橋屋さん、みたらし団子屋さんは、また別にあります。

「お餅屋さん」は、お正月用のお餅やお赤飯など、行事ごとに必要な餅菓子を売るお店です。「おまんじゅう屋さん」は、日常的に使う自宅用のおやつを売るお店。そして、笹屋伊織のように、おもてなしをするときのお菓子を扱っているお店は、「お菓子屋さん」に該当します。江戸時代から「上菓子屋」とも言われ、昔は、宮中、公家、寺社などの用に供するために注文を受けて作っていました。

とはいえ、京都の方でなければ、そんな区分はまったく分かりませんから、笹屋伊織にご来店される他府県のお客様から「お赤飯はありますか?」などと聞かれ、「あいにくうちでは、お作りしていないんですよ」とお答えすると、驚かれることもありました。

もっとも最近では、餅屋さんだけど、みたらし団子も、お茶席で使う生菓子も売るといったお店もあるなど、だいぶ区別はなくなってきています。

ちなみに、京都では、あまり「和菓子屋さん」という言い方はしません。実際、京都には「京菓子共同組合」はありますが、「和菓子共同組合」はないのです。

和菓子ではなく、京菓子と呼ぶ。そのあたりにも、京都のお菓子に対するこだわりと自負が見え隠れしているように思います。

煎茶

お茶淹れ美人になろう！
煎茶編

丁寧に淹れたお茶を飲むと、お茶のうま味が口の中に広がり、心が豊かになります。

休日は、ペットボトルのお茶で済ませず、煎茶を淹れてみませんか。

初めて茶葉を買われる方は、100ｇ1000円を目安に。またお茶屋さんに相談されるのもいいでしょう。高級なお茶ではなくても、淹れ方ひとつでおいしくいただけます。

煎茶の淹れ方は、手順の通り。沸騰させたお湯を急須に入れる、湯のみに注ぐなどして移し替えているうちに、温度が徐々に下がり、飲む頃には適温の70～80度ぐらいになっているのでおいしくいただけます。

特にポイントになるのは、2つです。

一つは、急須に入れる茶葉の目安を8～10グラムにすること。量ってみるとけっこうな量になるのが分かります。お茶は3煎目までは、おいしくいただけますので、1人分のときでもこのくらいの量を使いましょう。

もう一つのポイントは、湯のみに注ぐときです。

複数の湯のみに淹れる場合、味が均等になるように、2～3回に分けてそれぞれに淹れますが、最後の1滴まで絞り切ること！　紅茶は、最後の1滴を「ゴールデンドロップ」と呼ぶくらい、そこに一番のうま味が詰まっています。お茶も同じ。最後の1滴まで絞り切らないともったいないのです。

丁寧が決め手！

おいしいお茶の淹れ方

手順の通りに淹れたら、誰でもおいしいお茶が淹れられます！注ぐときは、最後の一滴＝ゴールデンドロップまで絞り切って。

1 一度沸騰させたお湯を急須に入れる

2 急須のお湯を湯のみに注ぐ（ここで、急須に残ったお湯は捨てる）

3 急須に茶葉を入れる。1〜3人分でだいたい8〜10グラムが目安

4 湯のみのお湯を急須にゆっくりと戻し入れる。茶葉が開くまで1分ほど待つ

5 濃さが均一になるように、2〜3回に分けて湯のみにまわし淹れる。急須にお茶がの残らないように最後一滴まで絞り切る

4章

食に人となりがあらわれる

心地良い時間を過ごすための会食の心得

食事に出かけたときの所作で最も心がけたいのが、相手と心地良い時間を過ごすことだと思っています。

だから私は、場所選びから気をつけています。

誰かと京都で約束して自分でお店を選ぶときは、一緒に行く人にご満足していただけるように、どちらにお連れしようかとあれこれ考えます。

お名前の知られている方なら、気兼ねなく話ができるように個室のあるお店が最優先事項だと思いますし、女性の方なら、薬膳料理やコラーゲンたっぷりの料理など、世間で話題になっているお料理などに興味を持たれる方が多いので、そのことも考慮しながら選んでいます。

京都をご案内する場合、1回だけ夕飯をご一緒するなら、必ず京料理のお店を選びます。京都と言えば、和食をイメージする人は多いですし、ぜひ本場の京料理を味わっていただきたいと思っています。夕飯と、翌日のランチもご一緒するなど、2回以上ご一緒する場合は、1回目は和食、2回目は京風のイタリアンなどバリエーションを持たせます。

こんなとき、自分のお気に入りのお店が何軒かあると助かりますよね。顔見知りのお店になれば、はじめから個室を用意してくださるなど、何かとよくしてくださいます。

出会いは、一期一会。楽しいひとときを過ごしたいものです。

会話の内容に気を配ろう

心地良い時間を過ごすには、会話の内容にも気を配る。私はこれも、所作の一つだと考えています。

「おいしいね」と言い合いながらお食事をすれば、会話も弾みます。

コース料理のなかには、自分の口に合わないものも出てくるかもしれません。このとき、「おいしくない」と口に出すのは控えたいもの。「おいしくない」と口に出したとたんに、お店の人も、お店を予約してくれた人も肩身の狭い思いをしてしまいますよね。その場合は、器がおしゃれとか、盛り付け方がきれいとか、味以外の部分で褒めるところを探しましょう。

「おいしいね」と言って、「そうかな?」と言う人もときどき見かけますが、それも控えてほしいです。「おいしいね」と言った人の舌が貧しいような印象を与えてしまい、恥をかかせてしまうからです。

また、誰が聞いているか分かりませんから、「○○社の○○さん」など固有名詞や店名は言わず、「○○さん」でとどめるようにしています。

共通の友人の話題を出すときは、私しか知らないようなごく個人的な内容については話さないようにしています。例えば、「今、活躍されているあの人は、おうちでお母さまの介護が大変で、それでも弱音一つはかずに頑張っている」というようなお話は、美談にもなりそうですが、プライベートに踏み込んだ内容にもなりますよね。そういう話題は避けるようにしています。

それから、友人数人とランチをしているとき、そのなかにお子さんのいらっしゃらない人がいたら、自分からお子さんの話はしないようにします。またゴルフの話題になったときに、ゴルフをなさらない方がいらっしゃれば早めに話題を変えるようにします。

あるいは、最近テレビに出るようになった◯◯さんと仲良くしているなど、著名人と知り合いだというような話も、それが事実でも、受け取る人によって自慢に感じる場合があるなと思う内容は話さないほうが賢明かもしれません。

「壁に耳あり、障子に目あり」ということを、忘れないようにしましょう。

出会いは、一期一会。
場所選び、会話の内容含め、
楽しいひとときを過ごす工夫を

相手を不快にさせない食事中の気配り

食事中の所作で心がけたいのが、相手を不快にさせないように気を配ること。レストランで、ナイフやフォークの順番や使い方などに神経を遣うよりも、ガチャガチャとうるさい音を立てない、おしゃべりばかりして料理に手をつけないなど、基本的なことを守るほうが大切です。

私が、食事中の所作で特に気になるのが、お箸の扱い方です。

お箸の持ち方もそうですが、お箸を持ったまま話を続けたり、片手にビールのグラスを持ち、もう片方の手にお箸を持っている人を見かけると気になります。

お箸は、箸置きに置いてから、おしゃべりするなりお酒を飲むなりしてほしいと思うのです。

箸を箸置きに置かない人も多いですよね。

お吸い物を飲んだあと、そのお椀の上に置いてしまう。ごはんをいただいたあと、そのお茶碗の上に置いてしまう。お行儀が悪く見えて、見た目も美しくないですから、何かを食べたあとは、箸は箸置きに置くことを習慣にしたいものです。

そのためには、日頃、自宅でごはんを食べるときから、箸置きを使うクセをつけておくと良いと思います。箸置きは家では使ったことがない、持っていないという人もいるようですが、百円ショップでもでかわいいものが売っていますから、お気に入りのものを一つ買って活用してください。

習慣化してしまえば、いざ会食の場でも、ぎこちない感じにならず、スマートに使えると思います。

今、我が家では、大学生の娘が親元を離れて下宿しているのですが、彼女専用のマイ箸置きを持たせて送り出しました。

年配の人と食べるときは、携帯電話を出さない

最近は、食事中に、つい携帯電話を見てしまう人が多いと思います。相手と楽しく会話しているときに見るのは失礼ですが、仲の良い同世代のお友達同士で食事をしている場なら、スマートフォンを見るのもありだと思います。

というのも、SNSに写真をアップしていて、「この間、あのお店にごはんを食べに行ってすごくおいしかったのよ」と、料理の写真を見せることはあるからです。旅行の写真なども、それを見せてもらって初めて臨場感が伝わることもありますからね。

また、ママ友なら、保育園から急に連絡が入る可能性もありますし、仕事を持っている人なら、仕事相手から大事な電話がかかってくることもあります。そんなときは、気の置けない友人同士なら、最後、コーヒータイムのときなどに、「ちょっと、1本だけ電話をかけさせて。すぐ終わらせるね」などと一言断って、席を立てば良いと思います。

反対に注意したいのは、年配の方と食事をするときです。

バッグにしまったままにしておき、出さないほうが賢明です。年配の方は、なぜそんなにチェックするのか、まったく理解できない人のほうが多いからです。相手を不快に

させない観点から考えたら、食事の時間帯は一切使わないほうが無難です。

また、食事の最中はなるべく席を立たないほうが良いですね。

私は、コース料理を食べる場でも、デザートタイムになるまでは席は立ちません。

ただし、お酒を飲むとトイレが近くなる方もいると思うので、途中でどうしても行きたくなったら、「失礼いたします」とひと言断って部屋を出ていくようにしてください。

箸は、箸置きに。食事中は、
席を立たない。これが、
不快にさせないちょっとした心がけ

宴席では、「気づかれない所作」が求められる

宴席の所作も、基本的には、相手と心地良く時間を過ごすためにあります。その観点から、私がいつも心がけていることをいくつかお伝えします。

席につくときは、上座や下座には気をつけていますが、基本的に自分から座りません。目上の方と同席する場合は、出入り口から近い下座に座るのが基本ですが、上座をすすめられる場合もあるからです。また、招待してくださる目上の方が、「女性は真ん中に」など席次を決めてくださる場合もありますから、先に座ることはせず、指示を待ちます。

宴席では、お酒を飲む機会が多いと思いますが、お酒やジュースなどの飲み物や、汁物が入ったお椀などは、右側に置きます。

お酒がすすむとつい、あちこちにグラスやおちょこを置いてしまいますが、右側に置

くクセをつけましょう。「水気のあるものは右に」と覚えておくと忘れません。

こうしておけば右手にお箸を持ったまま、左手でグラスを持つことも避けられるでしょう。

お酌のタイミングを考えよう

宴席のとき、お酌をする機会もありますが、そのタイミングを「おちょこのお酒が空になったら、すぐにお酌しなくては」と思っている人もいると思いますが、私はこれは、ときと場合によると思っています。

所作は、「こうでなければいけない」という決まりはありませんから、臨機応変に対応していくと良いと思います。

相手が食事を召し上がっている最中だったら、いくらおちょこが空になっていてもお酌はしません。食べている最中に、「どうぞ、どうぞ」とお酌してしまうと、相手は途中でいったんお箸を置かなければなりません。

ですから、お酌のタイミングは、おちょこが空になっていて、かつ、相手が箸を置いたタイミングですするとスムーズです。

相手が誰かと話に夢中になっているときに、「どうぞ」とお酌しようとすると、話を遮ってしまうことになります。その場合は、声をかけず、さりげなくおちょこにお酒を注いでおくと良いと思います。

相手の状況も考えず、おちょこの状態だけを見て「どうぞ！」とお酌するのは、当人は気が利いているつもりでも、単に周囲の場の空気を乱しているだけということはよくあることです。

また、お酌するときは、両手で。ビール瓶も、とっくりも、右手で持ち左手は下に添えて注ぎましょう。お酌される側も、グラスやおちょこに両手を添えた状態で注いでもらうと丁寧です。

周囲に「言わない」のも所作

先日、4人でお酒を飲んでいて、おひとりの方のおちょこが欠けているのに気づきました。そこで、お店の方をそっと呼んで、「私もいただくので、おちょこを2つ持ってきてもらえますか?」と頼みました。いただいたおちょこのうち一つを欠けているものと交換して事なきを得ました。他の2人は、そのことには気づかず、そのまま楽しい会食は続きました。

このように、何か不具合があったとき、その場にいる人全員にわざわざ知らせる必要がない場合は多いと思うのです。

例えば、お料理に小さな虫や髪の毛が入っていたとき。いい気分はしませんが、見つけた瞬間にあからさまに顔を曇らせたり、みんなで話しているところを割って入るように「虫が入ってる!」と言って騒ぐと、その場がしらけますし食欲も失せてしまいます。

できれば他の人に気づかれないように、お店の人に「これ、かえていただけませんか?」と言って、虫の入っている部分を指し示すなどするほうが良いと思います。誰かが招待してくれたお店なら、せっかく選んでくれた方が申し訳ないと思われてしまいますから、余計にそうします。

同様に、近くの席の方が、何かをこぼされていたら、「こぼしちゃったの?　ちょっと店員さん!」と大きな声で呼ぶことはせず、そっと人を呼んで、「こぼされた方がいるので、おしぼりをもう一つ持ってきていただけませんか?」とお願いするほうがスマートです。同席している人みんなに知られてしまうと、こぼした人が恥ずかしい思いをしてしまいます。

これらのことは、ほんの少し想像力を働かせればできること。相手に気づかれないほど、さりげない気配りをしたいものです。

お店の方のうんちくが長いときは？

宴席で、お店の方がおすすめのお酒の説明を丁寧にしてくれることがありますよね。心遣いは嬉しいけれど、お酒のことはそんなに詳しくないし、何よりせっかく集まったみんなと早く乾杯したいな……。

そう思ったとき、私は、頃合いを見計らって、「ごめんなさい。お酒のことはよく分からないので、まずはビールを持ってきていただけませんか？」と正直にお伝えしています。

お料理の説明をされるときもそうですね。どんな素材を使っているのか説明してくれるぐらいならいいのですが、マニュアル化されたような細かなうんちくを長々とお話されても、せっかくのお料理も冷めてしまいます。

早めに切り上げたいときのコツは、質問をしないこと。途中で質問すると、さらなるうんちく話につながり、ますます食事ができなくなってしまいます。

ちょっと失礼かもしれませんが、あくまでも宴席の目的は、一緒に食事をする人と心地良い時間を過ごすこと。それを最優先させるためにも、何も質問せずにいる。すると、お店の方も空気を察してくれて話を早めに切り上げてくれます。

宴席時の様々な心遣いは、
相手を思いやれば自ずとできることばかり

食事は、残さない。「もったいない」を大切に

「食事のしかたで、その人の人となりが分かる」

これは、私が幼い頃から祖父に何度も言われた教えです。自宅でごはん、おかず、汁物など、いわゆる一汁三菜をいただくときは、まず、汁物をいただいてお箸を濡らし、そこからすべての料理を偏りなく、まんべんなく食べていきます。そして、残さずに食べる。祖父は、「すべての器をバランス良く残すことなく味わえる人は、何をするにせよ出来が良い。おつきあいしても安心できる人だ」といつも言っていました。

残さない。これを意識するのは、食事の所作で、大切なことの一つです。コース料理などが出てくるお店で食事をするときも、最後のシメのごはんが少ししか食べられそうになければ、あらかじめ少なめによそってもらうようにお願いします。

笹屋伊織は、食べ物を扱う会社なので、余計に「残さない」ことには気を配っています。生産者が手間ひまかけて育てたものを、心を込めて調理してくれる人がいる。たくさんの人の思いが詰まったものを安易に捨ててしまうことに罪悪感を感じます。おいしく残さずにいただくことを心がけています。

残しがちなのが、バイキングですね。ホテルの朝食やランチバイキング、ケーキバイキングなど食べ放題のスタイルで提供するお店に行くと、おいしそうなものがズラリと並んでいるので、つい取り過ぎてしまう気持ちは分かります。

バイキングのコツは端から順番に全種類取ろうとはせず、まずどんなお料理が出されているのかをひととおり見てから、オードブル、主菜、ごはんもの、デザートそれぞれのなかで食べたいものだけを適量取るようにします。お代わりができそうだったら、少しずつ取りに行くようにすると残すことなくスマートですね。

もったいない気持ちを大切に

「残さずに食べる」というのは、「もったいない」という気持ちにも通じますね。

笹屋伊織で販売している代表的銘菓のどら焼は、お店のカフェスペースで、お茶とセットでお出しするときがあります。このとき、どら焼を輪切りにしたものをアルミホイルの上に置いてオーブントースターで軽く温めてお出ししています。

ある日、従業員の女の子が、どら焼をオーブントースターに入れて温めていたのですが、私は、彼女が切ったアルミホイルの長さに唖然としました。幅25㎝のアルミホイルを20㎝はゆうに出していたでしょうか。どら焼は、直径5㎝程度です。

あまりにも、もったいない！　慌てて「ちょっと待って」と彼女を引き止めました。

「小さなどら焼を1個だけ焼くのに、こんなに大きなアルミホイルはいらないよね？ハサミで4分の1に切った大きさぐらいで十分だと思わない？　それなら4回分使えるし」と言ったら、「はあ……」と気のない返事。

「あなたのおうちでは、こんなふうにムダな使い方はしないでしょう？」

「いえ、母もこんな感じです」

「あなたのおうちでそうなのは自由だけど、このアルミホイルは会社のお金で買っていて皆のものだから大切に使いましょうね。将来、結婚して家計をやりくりするようになったら、きっと役立ちますよ」と説明しました。

従業員は、「ケチな女将だ」と思ったかもしれません。私もときどき、子どもたちから「ママは、ケチだからね」と言われることがあります。

でも私は、ケチともったいないは違うと思うのです。

ケチは、相手に対してケチなこと。つまり、何かお金を出し合うべきときに出し惜しみするとか、誰かに贈り物するときにそのお金をケチるなど、人のために使わないことを指すと思います。一方、もったいないというのは、必要のない場面でムダ遣いすること。先のアルミホイルなどは典型例ですが、大きいまま使っても誰のメリットにもなりません。そういうムダは美しくないと思うのです。

残さない。ムダ遣いしない。
もったいない気持ちを大切にしていこう

お菓子を出すとき、出されたときの所作

訪問先でお菓子を出されたとき、どんなことに気をつければ良いでしょうか。

ここでは、上生菓子を出されたときの所作について確認していきましょう。

上生菓子とは、和菓子のうち、おもてなし用の上等な生菓子を指します。

笹屋伊織でも、例えば、春は梅の形をした「ねじり梅」、夏は古来から日本人に愛されてきた大和撫子をイメージした「岸辺の花」、秋は秋の七草の一つ、萩をかたどった「こぼれ萩」、冬は柚子を模した「冬至」など、季節に合わせた見た目もかわいらしい様々な上生菓子を販売しています。

上生菓子を出されたときの食べ方ですが、お皿の上に、黒文字という10～15㎝ぐらいの楊枝が添えられて出てくると思います。

それを使って、まずは真二つに切ります。

中のあんが、黒あんなのか、白あんなのか、職人はお菓子に合わせて考えて作っているのでその姿も見てほしいと思います。

半分に切ったあと、それでも口に入れるには大きいと思ったら、半分に切ったものを、黒文字を使ってさらに半分に切ります。右利きの人は、右側の箇所から切るとスムーズに切れます。それを食べ終えたあと、左半分残っている上生菓子を、同じように黒文字を使ってさらに半分に切っていただきます。

黒文字で上生菓子を切るとき、もしもテーブルが下のほうにあって切りにくいときは、お皿ごと自分の胸の前まで持ち上げて切ると良いでしょう。

上生菓子は、出しっぱなしにしておくと乾いてしまいます。

上生菓子の食べ方

黒文字を使って半分に切る

半分では大きい場合は、さらに半分に

生菓子は水分が飛んでしまうと味が落ちてしまうので、「どうぞ」と出されたら、なるべく早めに、おいしいうちに召し上がってほしいと思います。

もしも、お腹いっぱいで食べられないときは、「いただいて帰ります」と言って構いません。その人のために用意した上生菓子ですから、「いりません」と言われるよりは、「今はお腹いっぱいなので、あとでいただきます」とか「子どものおやつにいただいて帰ります」と持ち帰るようにしましょう。

お皿に敷いてあるお懐紙は、お菓子を包んで持って帰っていただくためのものでもあるのです。（お菓子の包み方は93ページ参照）

お菓子を出す側の心得

お菓子をお客様にお出しする側になったとき、まずは食べやすいものを選ぶことが大切です。

例えば、笹屋伊織では、竹に入った水羊羹を販売していますが、それを食べたことがない人は、いきなり出されてもどうやって食べればいいのか分かりません。そういうお菓子は避けるようにします。

和菓子をお出しするときは、和のテイストあふれるお皿にのせて出すと見映えもいいと思いますが、このとき、お懐紙を敷くかどうか悩まれる方もいるかもしれません。

結論から言うと、お懐紙を使うのはケース・バイ・ケースです。

ベタベタするお菓子をお懐紙の上にのせてしまうと、黒文字で切るときに、紙にくっついて切りにくいことがあります。その場合は、敷きません。

漆塗りのお皿に直接、お菓子をのせてしまうと、黒文字で切るときに塗りの部分を傷つけてしまうことがあります。その場合は、お懐紙を敷いたほうが良いですよね。

単純に、お皿との柄や色とお菓子が合わないので、見映えが悪いこともあります。そういうときは、お懐紙を敷きます。

このように、ケース・バイ・ケースですから、お懐紙を敷くか敷かないかは臨機応変に決めていけば良いと思います。

また、相手が持ち帰ることも考慮し、その場合は、お懐紙で包んでお土産として渡してさしあげると、気がきいています。

ところで、お皿の上にお懐紙を敷くとき、その折り方がよく分からないという人もいるようです。

イラストのように、基本的には角をずらして二つ折にします。同じような折り方でも、慶事の折り方と、弔事の折り方は違います。もし、分からなくなったら、単純に半分に折れば、どちらでも対応できます。半分に折ったお懐紙の上に上生菓子をのせてお客様にお出ししても失礼にはあたりません。ただ懐紙の折り方ひとつにも慶事と弔事がある日本の文化を知っておくのも素敵だと思います。

和菓子の置き方にもひと工夫

お菓子をお皿に置くときは、ちょっとしたコツがあります。
お皿の中央より、少し上に置きます。

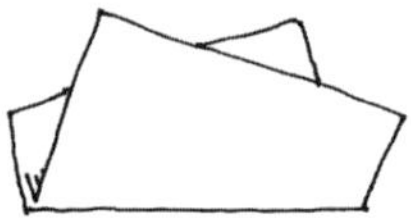

右下がりになるように折る

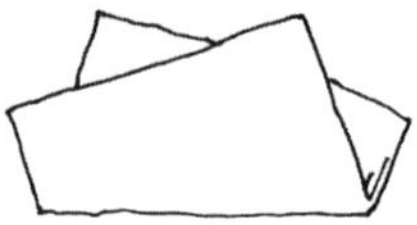

左下がりになるように折る

なぜだか分かりますか？

お皿に黒文字を添えてお客様にお出しするので、中央より、少し上のほうに置くほうがバランスが良いのです。

洋菓子をお出しするときも同じです。お皿の上にフォークを添えることを考えて、お皿の中央より少しだけ上にケーキを置いてみてください。

上生菓子は、
黒文字を使って食べる。
お懐紙は、臨機応変に使って

お抹茶のいただき方は、意外に簡単！

今は、抹茶ブームも手伝って、和カフェなどではお菓子と抹茶のセットなどを気軽にいただく機会が増えましたよね。

とはいえ抹茶は、煎茶よりも「特別なときに飲む」感覚の人は多いかもしれません。お茶会が体験できる茶房などもたくさんありますから、参加してみると楽しめると思いますが、その際、いただき方にはちょっとした作法があります。（点て方については、179ページのコラムを参考にしてください）

といっても、そんなにたいそうなことではありません。

本などで抹茶のいただき方の手順などを読むと難しそうに感じるかもしれませんが、基本的なことがわかっていれば難しくはありません。

まず先にお菓子をいただいてから、そのあとで抹茶をいただきます。

抹茶は、薄茶と濃茶があり、使う抹茶も違います。

通常、私たちが抹茶というのは、「薄茶」のほうです。

抹茶は、抹茶碗という大きめの碗で点てていただきますよね。

このとき、茶碗を回してから飲むとされています。なぜ回すのでしょうか？

お客様には抹茶碗の正面側を向けてお出しします。出された側は。「ご主人が大切にしている高価な抹茶茶碗を、私のために出してくださるなんて恐縮です。せめて正面は外させていただきます」という遠慮の心なのです。

お茶の心得がないからといって、右に回すのか、左に回すのか、何回回すのか、心配する必要はありません。正面さえどちらかに外せば良いのです。

茶碗は右手で取って、左手のひらの上にしっかりのせ、右手を添えます。そしていただいたら、元通り正面に戻しておきます。

茶道の流派によって、裏千家は右に回す、表千家は左に回すなどの違いがありますが、裏千家でお茶を習っている人も、表千家のお茶会に参加できます。私も参加したことがありますが、その際は、「いつもなさっているようにお召し上がりください」と言われるので、いつもの裏千家流でいただいています。

また、抹茶をいただくときに、「3口半で飲むのもの」と言う人もいますが、この3口半というのは、抹茶を点てる側の目安です。「お湯の量は、3口半ぐらいで飲めるのが適量」という意味ですから、いただく側は、それを2口で飲もうが、5口で飲もうがまったく問題ありません。

それよりは、自分が先にいただくときは、後の方に「お先に」とひと声かける気遣いのほうが大切ですね。

茶道、動じない心を育てる

私のお茶の先生は、その業界ではとても有名な方ですが、「お茶を習うメリットは何ですか?」と尋ねる若いお弟子さんに、「何もありません」、「ただし、続けていると、何か良いことがある」とお答えされます。

私はお茶を15年間ほど続けてきましたが、長い間、その意味がわかりませんでした。

ただ最近になって、「もしかしたら、お茶のおかげかな?」と思うのが、「少々のことでは、動じない」心が身についたこと。例えば、私は講演をさせていただく機会が多いのですが、プロジェクターが動かなくなったとか、司会者がしどろもどろで進行がスムーズにいかないとか、資料を忘れたとか、予期せぬ出来事がたくさんありました。

でも、こうした状況でも、あまり慌てることなく「なんとかなるから、大丈夫」とその場で対応することができました。

お茶のお稽古の時間に、心を静かにすることが自然に身につき、それが心の余裕につながり、動じない精神が育まれたような気がします。

もしかしたら、これこそが茶道の威力なのかな？　と思うのです。

お茶のお稽古は資格を取るためとか、就職に有利とか、仕事に活かせるとかではありませんが、続けていると確かに目に見えない大切なもの、即ち「所作」が身につくのだと感じます。

華道にせよ茶道にせよ「道」とつくものは、同じ「型」を繰り返します。

その型が体に染み付いて自分のものになったとき、精神的に一回り大きくなるのかもしれません。それは、例えば「いつも、冷静で落ち着いた人」といった形で表れる。心に余裕ができるから、周囲を見渡す余裕もでき、相手への心配りにもつながっていくのではないでしょうか。

お抹茶は、最低限の作法を押さえて
おいしくいただければ良いのです。茶道で
培われるのは、心の余裕かもしれません

京都の人気和菓子屋ほど、時代の変化に敏感に対応している

老舗和菓子屋は、時代の変化を見極め、いかに対応できるかが問われると思います。笹屋伊織も例外ではありません。

主人は、昭和52年、大学卒業後とある大阪の有名な和菓子屋さんに就職しました。他の人気店で仕事を経験させてもらい、それを自分のお店に活かすためです。ライバル店にあたりますから「工場は見せない」という条件でしたので、そちらが出店していた東京の百貨店で販売員として働きました。そのとき、主人は衝撃を受けます。

そちらのお店では、百貨店でお菓子のバラ売りをしていたのです。

今、カウンターの上に1個ずつ並べて販売するなど、お菓子をバラ売りするお店は珍しくありませんが、昭和52年当時の京都のお菓子屋は「最低10個入り」の箱入りが基本。おもてなし用のお菓子だから、それが常識とされました。

ところが東京の百貨店では実際、ギフト用に10個入りのお菓子を買ったお客様が、「自宅用にも3個ください」など、ついでに買われるケースも多かったのです。「これからはバラ売りの時代だ」

主人は、笹屋伊織のお店もバラ売りしようとしたら、先代から「なんちゅうことをするんや。バラ売りするんは、安もんの菓子屋のすることや！」と一喝されて、それを辛抱強く説得した時代がありました。

もっと昔に遡れば、百貨店に出店すること自体が敬遠されました。「百貨店ののれんを借りて商売しなければならないほど売れない」と思われたからです。

今は、180度違います。本店があれど、全国の有名な百貨店に出店することはお店の大きな信用にもなっています。

長く続いてゆく秘訣は、過去に拘らない、変わり身が早い、そして勉強熱心、この3つが大切です。

抹茶

お茶淹れ美人になろう！
抹茶編

千利休によって完成された茶道は、表千家、裏千家、武者小路千家などの流派があり、例えば、表千家は泡を立てない、裏千家は泡を立るなど、それぞれで抹茶の点て方は微妙に変わります。

しかし、厳密にこだわる必要はなく、最低限の淹れ方を抑えて、あとはおいしくいただけば良いと思います。

抹茶は、煎茶よりも敷居が高いイメージがある人もいるようですが、手間もたいして変わりません。抹茶の値段も幅広くて迷いますが、最初は10g500円を目安に試してゆかれたら良いでしょう。我が家では、「今日は、抹茶にする？　紅茶にする？」と子どもたちに聞いて、その日の気分でどちらにするか決めることもよくあります。

子どもがテストの日の朝には「良い点が取れますように！」という思いを込めて、抹茶を飲ませていました。抹茶には集中力をアップさせる効果や、女性に嬉しい美容効果がつまっています。子どもたちは、自分の生まれた年の干支の絵が描かれたマイ抹茶碗を持っています。

私も久しぶりに、ピンクを基調とした鮮やかな柄のマイ抹茶碗を新調しました。モダンなので、コーヒーカップの隣に置いても違和感ありません。それで飲むたびに幸せな気持ちになります。

あらかじめ用意してほしいのは、抹茶と抹茶碗と茶筅だけ。茶杓はティースプーンで代用できます。抹茶専用の茶碗がなくても、カフェオレボウルがあるなら、それを使えばおいしく点てることができます。

意外に簡単！

おいしい抹茶の点て方

1 茶碗にお湯を入れ、その中で茶筅の穂先も温める

2 茶碗のお湯を捨てて、内側についた水滴を拭く

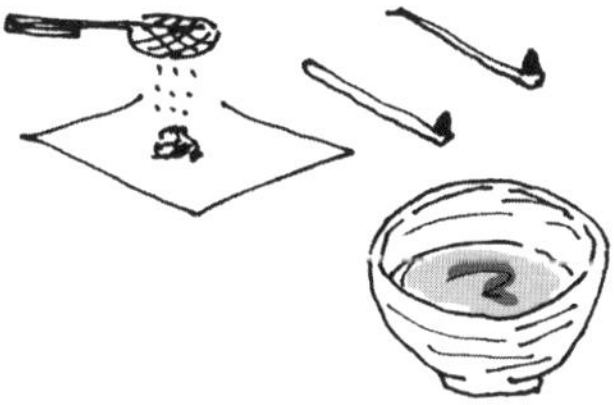

3 抹茶を茶こしでふるい、茶杓2杯かティースプーン山盛り1杯（約2g）を茶碗に入れる。茶こしでふるうと点てやすい。

4 沸騰させて80度ぐらいまで冷ましたお湯を約70ccを目安に静かに注ぐ

5 利き手の親指、人差し指、中指の3本で茶筅の竹の部分を持ち、上下にMの字を描くように。

6 出来上がり！

5章　愛される ひとづきあいの 所作

訪問時の所作と手土産のタイミング

ビジネスでも、プライベートでも、相手先を訪問する機会がありますよね。

そのときのふさわしいふるまいについて、確認しておきましょう。

まず、訪問先に到着する時間ですが、私は、ビジネスの場、プライベートの場で分けて考えています。

ビジネスの場では、約束の時間ぴったり、ジャストタイムを目指して訪問します。

仕事でアポイントを取って行く場合、忙しい相手なら、訪問される時間のぎりぎりまでどこかに電話をかけたり、事務作業をこなすなど仕事をしていることは多いものです。

私自身、お約束した時間ぎりぎりまで、ばたばたしていますから、早く来ていただいても対応できないこともあります。先方は約束の時間からスケジュールを立てているでしょうから、呼び出すのはどんなに早くても5分前にしたほうが良いかと思います。

当然ですが、ビジネスシーンにおいて遅刻は厳禁です。

一方、プライベートで、お友達や会社の先輩、夫の両親宅などを訪問するときは、約束の時間より5分ほど遅れてお邪魔するのが良いと思います。

先方は、訪問されるあなたを迎える準備をしています。ぎりぎりまで、洗面台やトイレのタオルを替え忘れていないか、鏡が汚れていないか、リビングに余計なモノを出しっぱなしにしていないかなど、入念にチェックしたいと思っています。あまり早い時間に到着すると、相手を急がせてしまうことになってしまいます。

ただし、お子さま連れの場合はお子さまが小さいときほど思うように動いてくれず、やむを得ず遅れてしまうことはよくあると思います。とはいえ、あまりに遅いと心配させてしまいますので、10分以上遅れてしまう場合は、あらかじめ先方に連絡を入れておくとよいでしょう。

手土産をはじめに渡すとき、最後に渡すとき

手土産を持っていく場合、基本的には最初にお渡しします。

笹屋伊織の女将としてビジネスの場で手土産を持っていくときは、ご挨拶したあとで渡します。ビジネスの場での手土産。私の場合は、笹屋伊織のお菓子をお渡ししますから会社の宣伝にもなりますし、和菓子の話題をきっかけに話が弾み、お互いにリラックスした状態で商談に入れることもよくあります。何か話題になるようなものをお持ちすると良いでしょう。

ただ同じビジネスの場でも、お詫びに行く場合は、最初にうっかり手土産を渡してしまうと、「そんなものが欲しいわけじゃない！」「それで許してもらおうと思っているのか！」と相手の気持ちを逆なでしてしまうおそれがあります。

ですから、先方に誠心誠意謝って和解したあとで、帰りがけに「心ばかりのものですが、お受け取りいただけないでしょうか」と言ってお渡しします。

仲の良いお友達のご自宅に呼ばれたときなどは、手土産ははじめに渡します。ただし、この場合も、こちらに何かお願いごとがあるとき、その内容によってはすぐには渡しま

せん。先にお渡しすると、まだ引き受けるかどうかわからないうちから、相手に「引き受けろ」というプレッシャーをかけることになるからです。お願いごとを相手が引き受けてくれたあと（引き受けてくれなくてもですが）、最後、帰りがけに「いつもありがとう。手土産を持ってきたので、ご家族で食べてね」などと言ってお渡しします。

また、手土産は、紙袋からそのまま出しても構いませんが、風呂敷などに包み、それを解いて渡すと、より丁寧な印象になると思います。

ただあくまでこれらはおおよその目安と考え、相手の方のご迷惑やご負担にならないよう心を配ると良いと思います。

訪問の時間は、ジャストタイムか、
少し遅れて。手土産は、基本は最初に、
謝るときは最後に渡そう

普段使いするには、高いもの。それが贈り物に喜ばれる

お友達に、お世話になっている会社の人に、先輩や後輩に……。贈り物を選ぶ機会は多いと思いますが、せっかくなら喜ばれるものをお渡ししたいですよね。

以前、毎年、信楽焼の大きな干支の置物を贈ってくださる取引先があり、そのお心遣いはとても嬉しかったのですが、大きくて重たいものでしたので収納場所にも困りました。12年間はいただきましたが、13年目からは丁寧にお断りしたことがありました。

この教訓もあり、私がいつも贈り物を選ぶときに気をつけているのは、基本的には、あとあとまで残らないものを選ぶこと。予算にもよりますが、例えば、普段、スーパーでは買えないような高級な大粒のイチゴや、マンゴー。あるいは、1本3000～5000円するような素材にこだわったトマトジュースやエキストラヴァージンオリー

ブオイルなど。これらは、私が以前、いただいて嬉しかったものです。普段、自宅用にはちょっと贅沢かなぁと思うものをいただくと嬉しいですね。かつ、使ったらなくなってしまうものはたとえ重なっても困らないものです。

反対に、役には立つけれど、どこでも買えるようなビールや、サラダ油、洗剤の詰め合わせセットなどは選びません。贈り物にはちょっとしたときめきが欲しいですよね。

特に仕事関係でおつきあいのある社長にお中元やお歳暮を贈るときは、つい、「ビールが無難」と思ってしまいがちですが、その方にご家族がいれば、奥さまやお子さんが喜びそうなものを選ぶほうが喜ばれます。旬のマンゴーが届いたら、奥さまのテンションが上がり「みんなで食べましょう！」となる。家族のよくある風景ですよね（笑）。奥さまも経営の一部を担っているような場合は、なおさら、奥さまが喜ぶものを選ぶと良いです。

なぜなら、男性は、もらったものに対して無頓着ですぐに忘れてしまう人が多いですが、奥さまのほうは、「今、話題になっている旬のモノをいただいた」などと何をもらったか覚えているものです。

しかも、奥さまのほうがお礼状を書くことは多いので、「あの人は、毎年律儀に送ってくださる。しかも、なかなか手に入らないものをいつも選んでくださる」などと覚えていてくだされば、次に会う機会があったときに話が弾みますし、「あの会社は、細やかな心配りができる。きっと、仕事の面でもそうなのだろう」と、仕事にも好影響が出る可能性もあると思います。

「ちょっと高級な」菜箸もおすすめ

その他、私が贈り物によく買うのは、お箸です。

食料や飲料ではないし、多少センスは問われますが、自分用のお箸にそこまでお金をかける人はあまりいない分、少し高いお箸を贈るととても喜ばれます。

私が好きなのは、京都の市原平兵衛商店というところのお箸です。

一組5000円ぐらいから、高いものでは8000円しますが、「竹を削っただけ」に見えるほどのシンプルなデザインで、とても使いやすいです。場所も取りませんし、お箸なら、今、使っているものがあっても、いずれ捨てることになる消耗品なので喜ばれます。

以前、両親にプレゼントしたときにとても喜ばれて、以後、何年か経ったら「古くなったから、また新しいお箸を贈るね」とプレゼントしています。ペアで購入できるので、結婚のお祝いや、日頃お世話になっているご夫婦にプレゼントするときにも活用しています。

また、そちらのお店では、菜箸も売っています。確か700円ほどするので、菜箸にしては高価なのですが、とても使いやすく、お料理をなさる方にちょっとしたプレゼントとしてお渡しすると、とても喜ばれますよ。

日本の贈り物文化・のし紙

笹屋伊織では、取引のある会社にお中元やお歳暮を送るときは、自社のお菓子を送りますが、このとき、のし紙をつけ、印刷したものではありますが「お世話になっております。お心ばかりのお品です」と、メッセージカードをつけて送っています。

また、送るときは、昨年と同じものにならないように、新商品をメインにするなど工夫します。「ご夫婦と、小さな2人のお子さんがいる」など家族構成まで分かっているお宅に送るときは、お子さんが喜びそうな洋風のお菓子を入れたり、あるいは、「奥さまがこしあんが好き」という情報を得ていれば、なるべくつぶあんではなく、こしあんの商品を選ぶようにしています。

のし紙は、特に目上の方に贈り物をするときには、かけたほうが誠意が伝わります。お友達に何かのお祝いごとがあるときや、お世話になった方に何かをお届けする場合も、お祝いや感謝の気持ちが伝わりますからかけるほうが良いでしょう。

のし紙は、ギフトの目的を表すものですから、「お中元」なのか、「御祝」なのか明確にします。また、「御祝」には、「卒業」「入学」「出産」「初節句」など様々ありますから、より細かく入れたほうが丁寧な印象を与えます。

これ以外にも、何かのパーティーを主催したり、あるいは、個展などを開いたときに、来場者にちょっとした「粗品」をお渡しするときがありますよね。

この場合も、たとえ金額は少なくても、のし紙をかけると、粗品だとしてもお越くださった方への礼儀が感じられます。

今、若い人のなかには、のし紙の存在自体を知らないという人もいるようです。

昔から、慶事における贈答品には必ず、熨斗《のし》と呼ばれる飾りをつけていました。熨斗は、熨斗鮑《のしあわび》の略で、長寿を表す縁起物とされた鮑の肉を薄く削いで、干して琥珀色になったものを、竹筒でのばして調製したものが、飾りとして使われていました。

もちろん今、このような贈り方はしませんが、その名残は生きています。のし袋を買うと、「御祝」などと書かれた右上部分に、熨斗鮑を模した装飾的なものが、慶事の印として使われています。

のし紙は、日本の贈り物文化の象徴です。お祝いごとなどがあるときは、ぜひ活用してほしいと思います。


「欲しいけど、自分では買わないもの」を贈り物に。のし紙もかけて送りましょう

出し惜しみするケチは愛されない

自分の知っていることを出し惜しみしない――

これは、人生の所作のひとつと言うべきものです。

知っているのに、言わない。

面倒くさいから、教えない。

自分の利益を優先するがゆえに、ナイショにする。

こうしたところで出し惜しみするケチな人は、魅力が半減しますから愛されません。

私は、ケチには、情報のケチ、スキルのケチ、ご縁のケチがあると思っています。

情報のケチとは、情報の出し惜しみをすること。例えばこういうことです。

京都市内には和菓子屋がたくさんあるので、似たような店名のお店もよく見かけます。

笹屋伊織も例外ではなく、うちと名前が一字違いの和菓子屋さんがあるため、間違い電話がかかってくることもあります。このとき、「違います」と無愛想に言ってガチャンと切ってしまったら、お客様はどう思われるでしょう。

しかもこちらは、どの和菓子屋さんか分かっているのです。それならば、「もしかしたらお客様は、○○屋さんと間違えていらっしゃいませんか？　○○屋さんなら、電話番号は……」と、情報はケチらずに教えてあげたら良いと思うのです。私は、笹屋伊織の従業員には、「間違えてかけてきたお客様には、そのお店の電話や場所を教えてあげてね」と言っています。

和菓子屋同士、ライバル会社なのだから、わざわざ電話番号まで親切に教える必要はないと考える人もいると思いますが、それこそ、ケチ以外の何ものでもありません。困っているお客様に助け船を出すのは、人として当たり前のことです。

ちなみに京都人は、よく「よそさんのことは知りません」という言い方をします。この場合、情報のケチというよりは、「余計なことをすると、お節介だと思われる」という気持ちが働くようです。京都人は、でしゃばることが嫌いで、控えめを美徳としますが、私は、たとえでしゃばりだ、お節介だと思われたとしても、誰かが困っていたら、自分の知っている範囲でお役に立ちたいと思います。「あのとき、やっぱり◯◯しておけばよかった」と後悔したくないからです。

せっかくのスキルがもったいない、スキルのケチ

スキルのケチとは、スキルがあるにも拘わらず、それを使おうとしないこと。出し惜しみすることとです。

以前、あるお客様からクレームの電話を頂戴しました。

その内容が、笹屋伊織の出店している百貨店に外国人のお客様が来店され、そのとき、うちの従業員が英語が話せずにしどろもどろな対応だったというものでした。デパートに入っている京都の老舗なのに、そこの従業員が英語もしゃべれないのは本当に情けなかったとおっしゃるのです。

お客様は、続けて

「私は、留学の経験もあるので英語を話せます。外国のお客様が話していたのは、ごく簡単な英語でしたよ。それも理解できないなんて、云々……」

私は、お詫びをしつつも、内心、とても残念に思いました。

きっと、クレームの電話をかけてきたお客様は、高いお金を出して留学して、高水準の教育を受けたのでしょう。

でも、それならば、英語が通じなくて対応に困っている人がいたら、率先して助けても良いのではないか。英語ができない人をバカにするために留学したのではないはずです。日本語の話せない外国人と、英語の話せない日本人がいるのを見たら、「私がお助けしましょうか」と、その架け橋になってこそ活かされます。スキルがあるなら出し惜しみせずに、それをフルに活用していたらみんなが幸せになれたのに。そう思った出来事でした。

ご縁のケチは、出会いの幅を狭める

ご縁のケチとは、紹介することを出し惜しみすることです。

私は、パーティーに出席する機会が多いのですが、そのとき、私の知り合いを、別の知り合いに紹介するということをよくします。

この人とこの人は合うだろうな。この二人が仲良くなれば輪が広がりもっと楽しくなるだろうなとわくわくします。

私にとって、それはごく当たり前のことですが、あるとき、「田丸さんは、惜しみなく人を紹介する人ですね。偉いですね」と言われたのです。

偉い……？　そう言われて驚きました。少なくとも私は、人を紹介したことで、自分が損したことはありません。むしろ紹介した人から、さらに素敵なご縁を紹介してくださるなど、出会いはどんどん広がっていきました。

思えば私は、学生の頃から、ご縁の出し惜しみはしていませんでした。

学生同士、年頃ですから合コンする機会もたびたびあり、私はいつも幹事役。そのとき、男友達に、「かわいい子を連れてきてね」とお願いされるのですが、こういうとき、言われた女性は、たいていの場合、自分よりも〝かわいくない〟と思う子を連れていくのだとか。しかし私は、むしろ自分よりもかわいいと思う子や魅力的な子を連れていくようにしていました。

かといって、私が、引き立て役になってしまってつまらなかったということもありませんでした。私はおしゃべりが面白いとか、「かわいい」とは違う部分で評価してくれる男性だっているからです。

縁を出し惜しみしなければ、交友関係は広がっていくし、新たな縁にもつながっていく。縁の出し惜しみは、ゆくゆくは、自分が損をすると思っています。

出し惜しみしないことが、信頼に結びついた

私は、短大を卒業したあと、野村證券に入社し4年弱勤めていました。

投資相談の窓口を担当していたのですが、ある日、1組の若夫婦がいらっしゃいました。お話を伺うと、マンションの頭金としてコツコツと貯めたという100万円をキャッシュでお持ちになり、「1か月先に使いますが、その1か月の間に、1円でも利息のあるところに預けたい。銀行の普通預金よりも、証券会社の中期国債ファンドのほうが利率がいいと聞いて来ました」とおっしゃいました。

野村證券には、ノルマがありました。キャッシュで持ってきてくださるお客様は、自分の成績につながる大事なお客様です。

私は、中期国債ファンドの説明をして、「確かに、お客様がおっしゃる通り、1ヶ月

間なら最も利率の良い安定した貯金と言えると思います」とお伝えしました。するとお客様は、「それが一番いいんですよね？」と念を押されました。なので私は、こう正直に言いました。

「ただしお客様が、『1円でも』利息のあるところがいいとおっしゃるなら、この下の階にS証券さんがあるのですが、そちらのほうが野村證券よりも利率はいいです。1ヶ月で解約できて元本保証という内容もおなじですから、S証券さんのほうがいいかもしれません」

ご夫婦は、「よそのことを教えていいんですか？」と驚きつつも、「僕たちは、1円でも利息が欲しいので、S証券さんのところに行ってみます」と申し訳なさそうにおっしゃって出て行かれました。

上司には、叱られました。「なんで余計なこと言うの。お客様は自らの意志で野村證券に来られたのに……」

私も、「お客様のために良かれと思って言ったことだけど、会社のためにはならないのかな……」と自信をなくしていたところに、なんとそのご夫婦が戻ってきたのです。話を伺うと、こうおっしゃいます。

「S証券でしばらく話を聞いたけど、中期国債ファンド以外の株式を勧められたり不信感を抱きました。あなたほど僕たちのことを真剣に考えてくれませんでした」

「利率は多少下がっても、あなたにお願いしたい」と、私を選んでくださったのです。

自分の評価のためではなく、ご夫婦のことを優先したことが、信頼という形で跳ね返ってきたのだと思います。その後も、ご親戚をご紹介していただくなど、そのご夫婦には長きにわたってご縁をいただきました。

まさに、出し惜しみしなかったからこそ、人の縁がつながり、仕事の幅も広がったのです。人から喜んでもらえることはとても嬉しいことです。それはケチになっては味わえない幸せです。


情報、スキル、ご縁の出し惜しみはしない。

それが、あなたの出会いの幅を広げます

いいお客様になろう

私は、笹屋伊織のお店で接客するなかで、様々なお客様と接してきました。

いつも気持ちよく挨拶をしてくださったり、お店が忙しそうだったら、「家も近いし、またあとで来ますね」とおっしゃってくれるお客様もいれば、重箱の隅をつつくかのように何かとクレームを述べられるお客様もいらっしゃいます。

自分がされて嬉しかったことは、積極的にマネしよう。自分がされてイヤだったことは、人にするのはやめよう。そんなふうに思って、人に接するようにしています。

その思いは、自分がどこかのお店に出かけてお客様の立場になったときも同じです。周囲にいるみんなが心地良いと思えるように、ときに所作に気を配り、ときに言葉遣いに気を配ってきました。ですから本書の最後では、「お客様」という立場になったときの所作についてお伝えしたいと思います。

横柄な態度は、その人の品格も疑われる

私が最も気になるのは、横柄な態度をとる人です。

お寿司屋さん、レストラン、バーなど、お食事をする場で、近くに座った人がお店の方に横柄な態度をとっているのを見かけたことはありませんか。

特に、高級店になるほど、「これだけのお金を払っているのだから」という気持ちが働くのか、お店が混んできても我関せずとばかりに話し続ける、店主にわがままを言う人を見かけるように思います。

そういう人に限って、話し方もぞんざいです。「ちょっと！　お酒、まだ?」「早くしてよ」などと言われたら、お店の方も周りの方も、あまりいい気はしないでしょう。

後輩や、古いつきあいの友人が働いているようなお店に行くと、とたんに横柄になる人もいますね。友達のお店だから「安くしてくれるよね」とか、「1品多く出してよね」「特別に裏メニュー出してよね」、あるいは、「ラストオーダーぎりぎりで押しかけ

ちゃったけど、別にいいでしょ?」と無理を言うのは、かなりみっともないと思います。

そしていつも思うのですが、どの世界でも上の立場になるほど、穏やかで腰が低いことを感じます。中途半端な立場の人ほど、横柄になりやすいように思います。

でも、横柄なその行為は、周囲の人がしっかり見ているものです。

もしも、顔見知りの人がいれば、「そんな人だったんだ」と悪いウワサはあっという間に広がります。何より、どんな場であれそのような態度をとる人は、日常生活のはしばしに、その片鱗が出てしまうものです。お客様という立場で店の方に威張る人は、人によって態度を変える表裏のある信用できない人と見られます。

横柄な態度は、周りを不快にするだけでなく、その人の品格までも疑われてしまいますから注意したいものです。

怒らない人になろう

私は、元来、せっかちな性格ですが、自分がお客様の立場になったときは、「なるべくイライラしない」を心がけています。

例えば、時間のないなかでレストランに入るときは、一番早く出せるメニューを聞いてそれを頼むなど、ささやかな工夫をしています。イライラしなければ、心の余裕が生まれます。すると、おのずとトゲのある言い方も減っていきます。お店の中の雰囲気を和やかなものにするためにも、笑顔で楽しいひとときを過ごしたいですね。

横柄は愛されない
強い立場のときほど
品格が問われる

あとがきにかえて

あなたは、人生の主人公。主演女優としてのふるまいは、所作に反映される

誰しも、自分の人生というドラマの主人公――

私は、いつもそう思って、日々を生きています。

このことは、本書の「愛される所作」にもおおいに関わる話です。

恋愛ドラマだったら、同じ職場に好きな人がいて、なかなか想いを伝えられないもどかしい時間が流れ、すれ違う事件が起こり、でも、最後はハッピーエンドに……。そん

なストーリーの主人公は、「恋に、仕事にいつも前向きで明るい」などの設定がありますよね。

ときに怒るし、泣くし、挫折もするけれど、いつまでもメソメソ、イジイジしているわけではありません。どこかで立ち直って、やっぱり「前向きで明るい私」として生きていく。それが、主人公だと思います。

本書を読んでくださったみなさまも、もちろん、一人ひとりが主人公です。

生きていれば、楽しいことばかりではありません。ピンチもやってくるでしょう。

でも、そのときこそ、「主人公だったら、どうふるまうかしら？」と考えてみてほしいのです。

ずるいこと、卑怯なことをしても、ピンチは切り抜けられる。

正直に、誠心誠意で対応しても、ピンチは切り抜けられる。

主人公なら、きっと後者のようにふるまいますよね。

逃げずに一生懸命に立ち向かうからそのまっすぐな気持ちが周囲に伝わって、うまくいっても、いかなくても、誰かが協力してくれる。

卑怯なことをする前者は、たいてい、脇役です。

自分の人生において、どうでもいい脇役に甘んじる必要はありません。主人公になるか脇役になるかはあなた自身が決めることです。

どうしたら良いか悩んだときは、主人公としてふさわしい行動を選ぶようにすれば、そう間違った方向にはいきません。

それは、おのずと所作としても表れてきます。

主人公なら、どうする？

私は「笹屋伊織の女将」という自分の人生ドラマの主演女優ですから、接客するとき、クレームを頂戴したとき、従業員の教育をするとき、様々なシーンにおいて、いつも「女将として、ふさわしいだろうか？」という視点で考え、行動に移してきました。

特に壁にぶち当たったとき、辛いとき、苦しいときほどその事を意識しています。

逃げずに正々堂々美しくありたいと。

その想いが、日常生活のあらゆる所作として表れ、結果として、他の企業から、おもてなしの話やマナー研修の依頼をされたり、取材の話が来るようになったのだろうと思うのです。

私は、人生というドラマの主人公――。

私もまだまだ失敗の繰り返し、日々勉強させていただいています。誰しも思い通りになる人生なんてありません。山あり谷ありだからこそドラマになります。

最後に本書をお手に取ってくださいましたみなさまとのご縁に感謝し、毎日の生活のなかで少しずつ愛される所作を身につけてご自身の人生をより良いものにされますよう念じております。また出版にあたり、ご協力いただきました関係者のみなさまに心より御礼申し上げます。

笹屋伊織　十代目女将

田丸みゆき

老舗京菓匠女将にならう
愛される所作

著　者　田丸みゆき
編集人　泊出紀子
発行人　倉次辰男
発行所　株式会社　主婦と生活社
〒104－8357　東京都中央区京橋3－5－7
http://www.shufu.co.jp/
編集部：03－3563－5129
販売部：03－3563－5121
生産部：03－3563－5125
印刷所　大日本印刷株式会社
製本所　株式会社　若林製本工場

ISBN 978-4-391-14964-7